Inhaltsverzeichnis

	SIE	ER
Was bisher geschah	5	8
Wetter	11	14
Sex	19	22
Urlaub	28	32
Glück	36	41
Religion	45	48
Gewalt	52	55
Schönheitschirurgie	59	62
Reinkarnation	66	70
Pflanzen	74	76
Krankheit	81	84
Freunde	90	93
Diät	97	101
Mode	105	108
Alter	112	115
Wellness	120	124
Weihnachtsgeschenke	128	130
Buch	134	138
Film	142	145
Sprichwörter	150	153
Vorurteile	157	160
Spielen	165	168

SIE Was bisher geschah ...

Da war zunächst einmal der Urknall. Kaum hatte sich der Staub gelegt, kamen Männlein und Weiblein aus ihren Löchern, schauten sich um und waren völlig von den Socken. Zu ihren Füßen lag ein riesiger Abenteuerspielplatz, und da man alle Zeit der Welt hatte, haben die zwei es ruhig angehen lassen. Er hat etwas zu essen besorgt, sie die Höhle gemütlich hergerichtet und Getränke beschafft. Kurz und gut, es wurde ein lustiger erster Abend. Mit Folgen – wie man so schön sagt, in den Bereich der Überbevölkerung hinein, aber auch von der See- zur Raumfahrt, vom Rad zum Düsenantrieb, von der Hütte zum Palast, von der Desinfektion zur Elektrizität und vom Schattenspiel zum Fernsehen. Es ist so ziemlich alles entdeckt und erfunden worden, was man sich vorstellen konnte, am Rest arbeiten Sie und Er täglich weiter. Das einzig Rätselhafte ist und bleibt kurioserweise das jeweils andere Geschlecht. Es ist nahezu unmöglich, es zu verstehen, und das, obwohl Männer und Frauen sich schon urlange kennen. Für Frauen ist es immer wieder ein Abenteuer, sich mit Männern einzulassen, sei es, um mit ihnen einkaufen zu gehen, Urlaub zu machen, sie zu heiraten oder zusammen ein Buch zu schreiben. Anschließend gibt es immer eine Menge Erstaunliches zu berichten. Gleich im Vorwort zu unserem ersten Buch stellt Jürgen von der Lippe fest, dass Männer durchweg die schöneren und originelleren Kosenamen für ihre Partnerinnen verwenden als Frauen für ihre Liebsten. Damit erweckt er geschickt den Eindruck, Männer seien in Liebesdingen kreativer und gefühlvoller als Frauen, und übergeht einfach die Tatsache, dass es natürlich viel leichter ist, für rundherum gelungene, zauberhafte, anmutige und attraktive Geschöpfe turtelige Worte zu finden als umgekehrt. Überrascht hat mich seine Überzeugung, dass alle schönen Künste wie Singen, Tanzen,

Malen usw. pures Sex-Werben sind. Dazu fallen mir Gregorianische Gesänge, indianische Regentänze und die Bilder von Piet Mondrian ein, und ich frage mich, ob er sich nicht vorstellen kann oder will, dass auch aus purer Lebensfreude gezwitschert, tiriliert, gesungen, getanzt und der Pinsel geschwungen wird. Chinesen und Japanern bereitet es größtes Vergnügen, hunderte Male hintereinander einen einzigen Begriff mit schwarzer Tusche auf Papier zu bringen – und zwar nicht nur das Wort mit F, sondern Lebensweisheiten, Denksprüche, Rätsel und Gedichte über die Natur.

Mit den berühmten Lippfischen, die ihren Körper in eine lebende Lasershow verwandeln können, um damit Weibchen in höchste Leidenschaft zu versetzen, verbindet Jürgen von der Lippe die Namensverwandtschaft und wohl auch seine Vorliebe für bunte Hemden, die offenbar die gleiche Wirkung erzielen sollen. Obendrein ist er ja – wie im Hörbuch zu erleben – mit einer wundervollen Stimme gesegnet, bei der Frauen in einen erotischen Hörrausch bis hin zum Ohrgasmus geraten können. Dass der Sextrieb auch als Legitimation für allerlei männliche Un- bzw. Eigenarten herhalten muss, bringen seine höchst amüsanten Ausführungen über das Lügen, Angeben und das Single-Dasein zum Ausdruck. Das muss man gelesen haben! Wenn wir Frauen um unseren biologischen Auftrag ebenso viel Bohei machen würden, könnte ich das verstehen, da unser Pensum wesentlich größer und anstrengender ist, aber für Frauen gibt es Wichtigeres zu tun. Möglicherweise brauchen wir uns deshalb auch keine Gedanken um die Qualität unserer Millionen Eier (Ovula) zu machen wie die Männer um ihre zwei. Die medizinisch nachgewiesen nachlassende Spermienqualität bei der jüngeren Generation bereitet meinem Co-Autor zur Zeit größte Sorgen. Er befürchtet sogar, die Männer könnten aussterben und meint, das wäre schade

– zumindest um die Märchenprinzen, die auf weißen Pferden umherreiten, Aschenputtel aus ihren Löchern ziehen und mit ihnen ins Abendrot Richtung Glück reiten. Ja holla, da ist wohl die Waldfee mit ihm durchgegangen. Oder sind es die romantizistischen Spätfolgen der Frontallappen-Epilepsie, die der Arme erlitt, als er sich das erste Mal verliebte? Noch aufregender wird es, wenn Jürgen von der Lippe ›Das erste Mal‹ beschreibt; schon allein deswegen sollten Sie sich den ersten Band von SieundEr besorgen. Konservativ-religiös erzogene Jungs scheinen ihre Phantasiemotoren ständig in höchsten Drehzahlbereichen zu fahren. Klar ist es dann umso schwerer, alle ERregungen unter eine Haube bzw. in die Hand zu bekommen. Deswegen reimen sie sich auch schon mal die Verkehrsordnung irgendwie ›neu‹ zusammen und wirken dabei wie Marienkäfer ohne Punkte auf dem Rücken. Zum Beispiel wenn Jürgen vermutet, dass die Prostitution von Frauen erfunden wurde, die nicht kochen konnten. Scherzkeks. An dieser Stelle möchte ich mal die Worte des Theologen und Philosophen François Poulain de la Barre zu bedenken geben, » Alles, was Männer über Frauen geschrieben haben, muss verdächtig sein, denn sie sind zugleich Richter und Partei.» Dass ER liebend gern einen Abend mit Menschen verbringen möchte, die unser aller Leben mit Verwaltungsdummdeutsch versalzen, hat alle überrascht. Aber wenn Sie die Beispiele lesen, die er herausgepickt hat, wird klar, dass er uns hierbei auf eine satirische Erstbesteigung eines Achttausenders mitnimmt, wobei uns in bequemer Lesehaltung der Sauerstoff höchstens vor Lachen ausgeht.

Fast um den Verstand bringt mich, dass der von der Lippe ein Museum der Liebe besitzt. Wenn Sie wissen wollen, wie man da hineinkommt, lesen Sie die Seiten 136 – 137 des ersten Bandes. An anderer Stelle philosophiert er über Frauen unter Berücksichtigung ihres ›Fuckability-Faktors‹, ganz nach meiner Vorliebe für Saure Brause mit

Ochsenfroschgeschmack. Da muss der weibliche Leser sich rechtzeitig in Erinnerung rufen, dass hier ein Comedian seine Feder spazieren führt. Und so schenkt er uns auch noch den seltenen Macho, der beim Thema Autofahren gänzlich darauf verzichtet, die Eier rauszuhängen, stattdessen von seinen Handarbeitskünsten als Kind parliert, um anschließend mit messdienerhafter Schlingeligkeit keck zu behaupten, bei einer Fahrprüfung ausgerechnet an der Onanierschaltung eines Lastwagens gescheitert zu sein. Da weiß der Leser plötzlich, was aus den Löchern wird, wenn der Käse gegessen ist, um mal mit Brecht zu sprechen. In Jürgens Essay zum Thema Tod lädt er uns in seine Lieblingskneipe ein, und mit fünf, sechs Fish intus, das Rezept für diesen Turbo-Cocktail finden Sie natürlich auch im ersten Band, wird unter Künstlern darüber philosophiert, ob man nicht besser Einzeller mit unsterblicher Lebenserwartung geblieben wäre, und ob einen der Gesundheitswahn denn wirklich noch in die erste Reihe bringen kann, bevor der letzte Vorhang fällt. Ich wäre beim Lesen beinahe vor Lachen gestorben, und das wäre eindeutig zu früh gewesen, denn erst zum Schluss, quasi als Sahnehäubchen auf dem achten Fish, erfahren wir von ihm, worauf es beim Sterben wirklich ankommt.

Über die rätselhaften Wesensunterschiede zwischen Frauen und Männern wird viel diskutiert, die Meinungen darüber gehen zum Teil sogar getrennte Wege. Und doch bleibt dieser phänomenale Mix der Powerstoff, aus dem der Witz des Lebens seine Pointen schöpft und manchmal sogar zu Papier bringt, wie in unserem Fall.

ER Was bisher geschah

Ich lernte Monika vor vielen Jahren in einem Friseursalon kennen. Ich hatte geerbt, was mich in die Lage versetzte, eine Zeit lang das Leben eines blendend aussehenden, von Frauen umschwärmten Bonvivants zu führen. Also ließ ich mich unter anderem täglich rasieren. Monika jobbte neben dem Studium in dem Laden. Sie gefiel mir irgendwie. Ich sagte: »Wenn Sie mich rasieren, soll es Ihr Schaden nicht sein!« Sie versetzte: »Aber Ihrer womöglich, ich habe das noch nie gemacht.« Ich sagte: »Da gibt es vieles, was wir noch nie gemacht haben, mit irgendwas sollten wir jetzt mal anfangen.« Sie richtete ein sehenswertes Blutbad in meinem Gesicht an und seitdem trage ich diesen Bart. Jahre später sahen wir uns wieder, in einer Table Dance Bar. Sie arbeitete neben ihrem Zweitstudium dort – als Rausschmeißerin. Ihr Trick: Wenn ein Gast lästig wurde, sagte sie: »Wie wär's, wenn wir zwei aufs Zimmer gehen und es uns gemütlich machen?« Dann führte sie den besoffenen Blödmann zu einer Tür, sagte: »Geh schon mal vor«, und schlug die Tür des Notausgangs hinter ihm zu. Und so sahen wir uns kurz wieder, aber das sagte ich schon. Sie ging mir nicht mehr aus dem Kopf, während ich so dalag, am Fuße der kleinen Treppe, die ich hinuntergestürzt war, direkt neben eine Lache Erbrochenes, dafür in einen Hundehaufen, schwer zu sagen, ob es andersrum nicht schöner gewesen wäre.

Ich hinkte zum Vordereingang, wo mich der Einlasser erst nicht einlassen wollte mit den Worten: »Unser Rausschmeißer wird Sie sowieso rausschmeißen.« Ich sagte: »Ist denn die nette Rausschmeißerin nicht mehr da?« »Nein, die mussten wir rausschmeißen, es haben sich zu viele an dieser kleinen Treppe verletzt, aber das wissen Sie ja.«

Zufällig traf ich sie drei Tage später wieder, d.h., sie fuhr mich auf einem Zebrastreifen an, weil man ja, wie sie mir im Krankenhaus glaubhaft versicherte, für das Nachziehen eines Lidstrichs beide Hände braucht. Ich sagte: »Ich spüre, dass das Schicksal uns mit Gewalt zusammenfügen will, aber ich denke, es sollte ein Kontakt auf Distanz sein, wie wäre es mit einem gemeinsamen Buch?« Und so entstand der erste Band. Ich habe viel erfahren über diese so harmlos wirkende Frau. Übers Boxen sagt sie: »Ich finde es schön, wenn sich zwei Alphatiere darum prügeln, wer anschließend die Herde vögeln darf.« Oder die Geschichte: Ein Abend mit ..., die begann sie mit den Worten: »Mit der Frage konfrontiert, wen ich denn gern mal kennenlernen würde, fallen mir sofort die Männer ein, die für mich den größten Sex-Appeal haben. Dass ich zuerst ans Vögeln denke statt an brillante Dichter und Denker, irritiert mich!« Mich auch. Und es geht weiter: »Wenn man einen Mann darauf aufmerksam machen will, dass seine Hose offen ist, und mit Blick auf die Stalltüre bemerkt: Na, Werbewoche?, kann man lustige Reaktionen erleben.« Es ist nicht nur ihre Affinität zum Schlüpfrigen, die mich als Wertkonservativen irritieren muss, auch ihr ständiges Männerbashing kann mein Wohlgefallen nicht wecken:

»Ein irisches Sprichwort besagt, dass drei Arten von Männern im Verstehen von Frauen versagen: junge Männer, Männer mittleren Alters und alte Männer. Da haben die alten Iren zweifellos recht, und Frauen fragen sich ihr Leben lang, woran das wohl liegen mag, denn schließlich reden wir ja ständig über alles, was wir denken, fühlen und wünschen.« Oder wenn sie von den Vorteilen einer Single-Tapete schwärmt, die die Illusion erweckt, es säße ein Mann im Zimmer:

»Echte Männer sitzen auch größtenteils rum und sagen nichts, und was das Putzen angeht, steht der Tapetenmann dem echten auch in nichts nach. Sein eindeutiger Vorteil: Er krümelt nicht, verwüstet nicht die Küche und will nicht die Sportschau sehen. Sein Nachteil: Er gibt keine Widerworte, wenn man ihn beschimpft, selbst wenn man ihm ein Glas Bier ins abwaschbare Gesicht schüttet, grinst er blöde weiter. Da bin ich doch lieber verheiratet und habe jemanden, der mich tröstet, wenn das 41. Paar supergeiler Schuhe in meiner Größe nicht mehr da war.« Ab und zu habe ich versucht, begütigend auf sie einzuwirken. Bei der Stelle:»Als jüngstes Modell in der Familie der Säugetiere haben wir ein bisschen mehr Hubraum unter der Schädeldecke, dafür hat Mutter Natur bei uns eben am Schwanz gespart«, habe ich gesagt, »Moni«, habe ich gesagt, »das kann man missverstehen!« »Das wollen wir doch schwer hoffen«, sagte sie, »no risk, no fun!« Nichts ist dieser Frau heilig. Ich wollte mal eine Zeit lang Priester werden und musste dann lesen:»Schon in der Bibel steht, alle Menschen sind Lügner (Psalm 116,11). Nach den Gesetzen der Logik bedeutet das natürlich auch, da diejenigen, die die Bibel geschrieben haben, Menschen waren, dass ...« Unglaublich. Dabei ist sie die schlimmste Heuchlerin. Auf die Frage: Du bekommst ein Riesenbudget, um einen Pornofilm zu produzieren, wie sähe der aus?, antwortete sie doch glatt: »Mein Film hieße ›Sun fucks moon‹ und zu sehen wären die schönsten Sonnen- und Mondfinsternisse der letzten Jahrzehnte, untermalt von der Ode an die Freude.« Ich frage mich wirklich, warum ich mit dieser Frau noch einen zweiten Band geschrieben habe. Nur, weil viele Leute den ersten Band mochten, auch das Hörbuch? Weil es so viel Spaß gemacht hat? Genau.

SIE Wetter

Ich glaube gerne mal an schönes Wetter, aber nur, wenn es gut dargebracht wird. Soweit ich weiß, wird auch schon erwogen, einen Grimme-Preis für den überzeugendsten Wetterfrosch zu verleihen, in Insiderkreisen »Kermit« genannt. Shakespeare hätte so ein Wetter gar nicht erfinden können, wie es diese talentierten Darsteller unters Volk bringen, diese Hamlets der Kalt- und Warmfronten und lustigen Weiber der Hochs und Tiefs. Jeden drohenden Sturm als Katastrophe zur Aufführung bringen können die Zeugen Jehovas auch nicht besser.

Mein Mann und ich, wir machen uns unser Wetter jetzt selbst. Wir haben eine Höhensonne, eine Sprinkleranlage und im August die Heizung an. Für uns ist das Klima so lange nicht kaputt, wie wir das aushalten. Kyrill hat uns auf eine harte Probe gestellt. Sie erinnern sich sicher an den Sturm, der 25 Millionen Bäume knickte. Ich würde allerdings gerne mal wissen, wer ihm diesen selten dämlichen Namen gegeben hat. Kyrill ist ein griechischer Vorname und bedeutet: der Herrliche. Wenn das die sauerländer Waldbauern wüssten, könnte Kachelmann seine dortigen Wetterstationen sicher einpacken. Jedenfalls fiel ich bei Kyrill in einen Schock-Schlaf, wie ein Insekt in der Wüste, und erwachte durch den Motorlärm der Sägen, die alle Bäume in meiner Straße zu Mulch machten. Das ist doch nicht normal! Mein Vorschlag, gegen derartige Unwetter mit einer Lichterkette rund um die Bochumer Innenstadt zu protestieren, fand bei den Vereinsmitgliedern meines Sportclubs leider keine Zustimmung. Auf dem kurzen Weg vom Bezahlhäuschen auf der Tankstelle zum Auto, vielleicht 20 Meter, bin ich neulich nicht nur klatschnass, sondern regelrecht verhauen worden. Der Regen prasselte stärker als die härteste Wasserstrahleinstellung meiner Brause. Da hab ich die Nerven verloren und das Wetter lauthals angeschrien: Wenn das morgen wieder so frisch ist mitten im Hochsommer, dann mach ich euch fertig, ihr Kälteschauer, ihr widrigen Winde und Graupelungeheuer, auch wenn ich ganz allein dastehe. Dann zieh' ich mir eben was Dickes an. So. An die ungewohnte Abfolge, in der uns die vier Jahreszeiten besuchen, haben wir uns ja schon gewöhnt, aber dass der Cocktail aus Frühling, Sommer, Herbst und Winter jetzt täglich neu gemischt wird, ist kaum auszuhalten. Mein Schrank platzt schon aus allen Nähten, weil Winterpullover und Sonnentops gleichzeitig griffbereit sein müssen. Dazu kommt die solide Regenkleidung. Das ganze Zeug muss man jetzt auch noch mit in den Urlaub schleppen. Für das Übergepäck hab ich zum ersten Mal mehr bezahlt als für den Flug. Badeurlaub in Südeuropa kann man bald ganz vergessen. Ein bisschen braun werden ist ja ganz schön, aber auf die Bräune, die ein Waldbrand erzeugt, kann ich gerne verzichten.

Es gibt auch beim Wetter Gewinner und Verlierer. Zufällig gehört Bochum klimatisch zu den Gewinnern. Heute haben wir hier oft Temperaturen wie in der Karibik. Noch nie habe ich die heimische Flora so berauschend blütenüppig erlebt wie im vorletzten Frümmer, also der neuen Mischung aus Frühling und Sommer. Bereits Anfang Juni brachen die ersten Obstbaumäste unter der Last ihrer Früchte zusammen und im Juli waren die Haselnüsse schon fertig. Mein Hibiskus hat ununterbrochen wunderschön geblüht. Ich muss zugeben, dass mir ein paar Grad mehr auf dem Thermometer ausgesprochen gut gefallen. Wenn das anhält, ist bald mit Flamingos im Stadtparkteich zu rechnen. Noch vor 30 Jahren wären sie eine Weltattraktion gewesen mit ihrer Kohlenstaubschicht auf den rosa Flügeln. Vielleicht rückt bald die Nordseeküste sogar bis Münster vor. Dann wäre es nur noch ein Katzensprung zum Meer und wir könnten eventuell vom Tourismus leben. Bed&Breakfast kriegen wir in unserer 3 1/2-Zimmer-Wohnung noch spielend hin. Wir machen unser Schlafzimmer zum Gästezimmer, und während der Saison werde ich auf der Couch im Wohnzimmer und mein Mann im Keller schlafen; Frühstück machen kann er gut und wer weiß, was wir für nette Leute kennenlernen. Auch ein Zelt im Vorgarten ist denkbar und möglicherweise kommt eine Stimmung auf wie bei der WM.

Klimakatastrophe hin oder her, wir müssen einfach flexibler werden. Das Wetter fordert jeden. Fast täglich trumpft es mit neuen Überraschungen auf, und das bringt Abwechslung in die trüben Tage. In seinem eigenen Haus nachts schlafend im Bett zu ertrinken, ist eine völlig neue Todesart, und ich frage mich, ob die Lebensversicherung zahlt, wenn Alkohol im Spiel war, oder ob das als Mitverschulden ausgelegt wird? Neulich hat es in Süddeutschland so extrem geschüttet, dass sich die Autobahn blitzschnell in ein Becken verwandelte, in dem das Wasser 1,50 m hoch stand. Da kommen bei mir noch mehr Fragen auf. Mein Auto misst nur 1,40 m. Könnte ich in dem Fall trotzdem weiterfahren und gilt die Straßenverkehrsordnung auch unter Wasser? Und wenn sich herausstellt, dass eine Tiefgarage häufiger als an 15 Werktagen im Monat vollläuft, wäre es dann nicht sinnvoll, Nichtschwimmer-Parkplätze einzurichten?

ER Wetter

»Tolles Wetter, nicht?«, war früher eine beliebte Gesprächseröffnung. Bisher haben Sie es vielleicht spritzig gefunden, zu antworten:»Ja, da kannst du zwei draus machen.« Probieren Sie es mal so:»Tolles Wetter heute!« »Danken Sie nicht mir, danken Sie dem da oben.« Oder: »Tolles Wetter heute!« » Nur auf den ersten Blick. In den Abendstunden führt ein Tiefausläufer aus Skandinavien kalte Meeresluft heran, was zu vermehrter Wolkenbildung mit vereinzelten Niederschlägen führt.« Oder:»Tolles Wetter, nicht?« »Ja, genau das richtige zum Ficken!« Wobei man das Kompositum Fickwetter im Duden vergeblich sucht. Das wäre vielleicht noch einmal eine Aufgabe: den Begriff so popularisieren, dass er aufgenommen werden muss, denn der Duden versteht sich ja als Spiegel der gesprochenen Sprache, er beugt sich also der normativen Kraft des Faktischen. Und Fickwetter ist das einzige Kompositum, das das Wort Wetter in seiner Bedeutungslosigkeit nicht nur akzeptiert, sondern zur Sinnstiftung heranzieht, denn beischlafen kann man bei jedem Wetter, es ist eine witterungsunabhängige Beschäftigung, während andere Tätigkeiten nach spezifischen klimatischen Gegebenheiten verlangen, wie etwa die Schneeballschlacht oder das Sonnenbad, womöglich kombiniert mit Wäscheaufhängen im Freien, einem zauberhaften, romantischen Anachronismus, den der heutige Urbane nur noch aus alten Filmen oder Erzählungen der Großeltern kennt.

Das Wetter sagt nur als Kompositum etwas aus, und dieser reiche Wortschatz lohnt eine kleine Betrachtung. Warum gibt es Regenwetter, aber kein Sonnenwetter? Das wird semantisch von Sommer- oder Urlaubswetter oder auch Fußballwetter abgedeckt, wobei in den Fünfzigerjahren Regenwetter »Fritz-Walther-Wetter« genannt wurde, weil der Käptn dann am besten war, so, wie es in glücklicheren Formel-1-Tagen das Schumi-Wetter gab. Das Kaiserwetter hat übrigens nichts mit Beckenbauer zu tun, es bezieht sich auf Kaiser Wilhelm II, der bei Freiluftveranstaltungen nur aufkreuzte, wenn die Sonne lachte. Das Gegenteil von Kaiserwetter wäre umgangssprachlich Hundewetter, ein Begriff, der sich im großen Dudenwörterbuch nicht findet, wohl aber als Übersetzung des englischen »beastly weather« oder des italienischen »il tempo da lupi«. Merkwürdigerweise sind Hundstage nicht verregnet, sondern die vom Sternbild Canicula, dem Hund des Orion, beherrschten Wochen vom 24. Juli bis zum 23. August. Sie hießen schon im nachklassischen Latein dies caniculares. Seit dem 15. Jahrhundert meint man einfach heiße Tage. Das Donnerwetter hat mit Wetter dagegen gar nichts zu tun, es bedeutet Standpauke oder ist ein Ausruf des Erstaunens, ebenso wie Donnerlittchen, das eigentlich Donnerlichtchen heißt und den Blitz meint (im Ostpreußischen heißt Lichting Blitz).

Aber genug gelacht. Ich möchte Ihnen nunmehr ein neues, von mir erfundenes Wort vorstellen, das Frauenwetter. Das Wesensmerkmal des Frauenwetters ist eine fühlbare Kühle. Der sensible Mann bemerkt natürlich von selbst, dass die Frau friert, an den erigierten Brustwarzen, während der normale Mann unterstellt, sie sei erregt, natürlich seinetwegen. Da muss sie dann glaubhaft versichern: Ich friere, damit der Mann ihr ritterlich sein Jackett umhängt und seinerseits zu frieren beginnt, aber mit einem guten Gefühl. Außerdem beeinträchtigt kühles Wetter das Aussehen der Frau nicht, es konserviert ihre Schönheit, wenn man so will, bei warmem Wetter schwitzt sie, die Schminke verläuft, die Frisur sackt in sich zusammen, sie mag sich selber nicht und fühlt sich schlecht. Ganz anders der Mann, er steht halb nackt und schweißüberströmt am Grill, trinkt Bier und fühlt sich großartig. Schwitzen ist für den Mann ein Leistungsnachweis, Schweiß schmückt den Mann, frieren ist aus männlicher Sicht eindeutig negativ besetzt, wovon schon der alte Volksmund kündet: Der Säufer und der Hurenbock friert selbst im dicksten Winterrock. Also: Hitze ist Männerwetter.

Das Wetter ist auch für die Beziehung wichtig, es gibt dem Mann die Möglichkeit, die Frau an seinem Leben teilhaben zu lassen, indem er fragt: Muss ich einen Mantel anziehen? Eine Frau würde das nie fragen, sie wird ein Fenster öffnen, auf diese Weise feststellen, ob Männer- oder Frauenwetter ist, und im Lichte dieser Erkenntnisse ihre Garderobe zusammenstellen.

Deswegen kann sich der Mann auch auf ihre Antwort verlassen: Ja, Schatz, besser ist es, oder, nein, brauchst du nicht. Sie kennt ihn, sie kann sich in ihn hineinfühlen, ein heterosexueller Mann, womöglich einer mit naturwissenschaftlichem Hintergrund, würde auf die Frage: »Muss ich einen Mantel anziehen?«, antworten: »Kommt drauf an, wie leicht du frierst.« Woraufhin der Fragende natürlich, um nicht als Weichei dazustehen, ohne Mantel geht und abends zwischen zwei Niesanfällen klagt: »Hättest mir ruhig sagen können, dass ich einen brauche.«

Das Wetter beeinflusst uns rund um die Uhr, es gliedert auch unser Jahr: Der Frühling liefert uns die gleichnamigen Gefühle sowie allerlei Augenweiden beim sprießenden Grünzeug, und Frühlingslyrik wie: Frühling lässt sein blaues Band, wohingegen einzig der Herbst Gedichte zeitigt wie: »Herr, es ist Zeit, der Sommer war sehr groß, leg deinen Schatten auf die Sonnenuhren und auf den Fluren lass die Winde los.« Der Winter ließ Schubert die »Winterreise« schaffen und der Sommer Mungo Jerry »In the Summertime«.

Der April ist neben dem Freibrief für lästige Streiche am Monatsbeginn vor allem für Wetterflexibilität berühmt. Die Sonne lacht, als kriegte sie's bezahlt, es beginnt ansatzlos zu schiffen, man rettet sich in ein Kaufhaus, kauft einen Schirm, tritt vor die Tür, öffnet ihn, um festzustellen, dass man der einzige Idiot im Stadtbild mit einem aufgespannten Schirm ist. Überhaupt die Sonne, ein äußerst ambivalenter Himmelskörper. Wohldosiert, bräunt sie unseren Leib sanft, appetitlich, was den Mitmenschen Gesundheit signalisiert, wohl auch einen gewissen Wohlstand, der es uns gestattet, uns Zeit zu nehmen für regelmäßige Sonnenbäder. Im Übermaß genossen beschert sie uns Sonnenbrand, später maligne Melanome. Der Regen, der Melancholiker unter den Wetterdeterminanten, inspirierte nicht nur unzählige Songschreiber zu Evergreens wie »Crying in the rain«, »Raindrops keep falling on my head« oder »Regentropfen, die an mein Fenster klopfen« oder »Singing in the rain«, wobei ich mich als Kind immer neidisch gefragt habe, wieso Gene Kellys Mutter ihn bei diesem Sauwetter draußen tanzen lässt. Er lässt auch die Flora sprießen und füllt unsere Zisternen, auf dass der Mensch Bier und andere Erfrischungsgetränke herstelle. Aber seit Beginn der industriellen Revolution ist er sauer geworden, der Regen, sein ph-Wert ist inakzeptabel gestiegen und die Wälder sterben, sagen alle, bis auf die, die viel Kontakt mit Bäumen haben, aber das sind ja die wenigsten. Das Wetter betätigt sich als Manipulator, Dompteur, es lässt den Frosch im Glas wahlweise die Leiter hoch- oder runterklettern, Mann oder Frau im Wetterhäuschen erscheinen oder den Opa noch mal dem Granatsplitter im Knie nachspüren.

Das Wetter treibt die Werbeindustrie zu Spitzenleistungen, man denke an Dreiwettertaft, den tanzenden Regenschirm, es hat den vielleicht unseriösesten Beruf überhaupt neben dem des Politikers, Anwalts und Journalisten hervorgebracht, den Wettervorhersager, der sich einen komplizierten Soziolekt zugelegt hat, in dem Schneetreiben z. B. nicht das bedeutet, was wir meinen, also heftigen Schneefall, sondern Schnee, der ruhig daliegt, dann aber vom Wind hochgewirbelt wird und so die Suche nach Weib und Kind in der Arktis erschwert, dessen Voraussagen – zugegeben – stimmen mögen, wenn man mit 40 Fieber das Bett hütet, aber niemals, wenn man grillen oder irgendein anderes Outdoor-Projekt betreiben will. Und davon gibt es ja die absonderlichsten, z. B. im Januar Cabrio fahren, bis der Zinken röter ist als das Rücklicht, oder so lange in Eislöchern baden, bis sich die Testikeln komplett ins Körperinnere zurückgezogen haben. Aber im Normalfall kann uns das Wetter schwer auf den Sack gehen. Eis und Schnee können Flug- und Bahnverkehr zum Erliegen bringen, für den Autoverkehr in Köln reicht schon Regen. Man glaubt es nicht, aber ich habe es oft erlebt.

Deshalb hat der Mensch schon immer versucht, dem Wetter ins Handwerk zu pfuschen, man denke an die Regenmacher. Eislaufen oder Eishockey spielen kann man ganzjährig. Wer sich beim Skilaufen einen dreifachen Trümmerbruch zuziehen oder von einem Anfänger über den Haufen gefahren werden möchte, musste früher auf den Winter warten, heute hält jede größere Stadt Kunstschneeanlagen bereit, aber was will man von Lebewesen erwarten, die sich Weihnachten unter Plastiktannenbäumen bescheren oder im Klo künstlichen Fichtennadelduft versprühen.

Da fällt mir glatt noch eine TV-Show ein: »Wetter dass ...« Man pickt an jedem Tag des Jahres Menschen heraus, fotografiert sie, registriert, was sie tragen, notiert die Wetterbedingungen, Temperatur, zieht dann Komparsen genauso an und die Kandidaten müssen mit verbundenen Augen anhand der Kleidung Tag und Temperatur ertasten.

»Ah, ich spüre ein ganz leichtes Sommerkleidchen mit nichts drunter, ich schätze mal 22. Juli, 27 Grad im Schatten. Was spüre ich hier? Wintermantel, darunter zwei Sommersakkos, eins schon durchgeschwitzt, ich tippe auf Ladendieb am 10. März, ca. 20 Grad.«

SIE Sex

Die Welt wäre längst in zwei Hälften geteilt, eine weibliche und eine männliche, mit einem Elektrozaun dazwischen, wenn es Sex nicht gäbe. Man kann es drehen und wenden, wie man will, beim Sex passen Männer und Frauen hervorragend zusammen und zu zweit macht Sex auch viel mehr Spaß. Alles, was man dazu braucht, hat man in die Wiege gelegt bekommen und seitdem immer bei sich. Anders als der Spargel ist unsereins praktisch unabhängig von Tages- und Jahreszeiten, flexibel in der Ortswahl und benötigt auch keine spezielle Ausrüstung wie beim Bergsteigen. Mal abgesehen von den Fabelwesen in luftundurchlässigen Plastikanzügen, die von eingebildeten Fachleuten mittels Peitschen, Ketten und möglichst engen Bindungen zum Gipfel getrieben werden. Na ja, zum Eistauchen taugen Latexanzüge ja sowieso nicht. Schön, schön, wenn die Liebhaber dieser Spezialsportarten ihre Olympiade unter sich austragen und dabei den Nachwuchs und die Dritte Welt außen vor lassen, sonst kommen die nachher auf noch komischere Ideen.

Zurück zum Hausgebrauch: Für beide Geschlechter ist Sex das Schönste überhaupt, zumindest in ihrer Fantasie. In der Realität ist Sex aber hauptsächlich Männersache. Die Welt ist zugekleistert mit nackten Busenwundern und die damit indirekt zur Schau gestellte Promiskuität geht inzwischen nicht nur Frauen auf den Sack. Die ersten Männer beklagen sich öffentlich über den Dauer-Erektionsstress, dem sie durch ihr recht einfach funktionierendes Reiz-Reaktions-Schema hilflos ausgeliefert sind. Sie fühlen sich überfordert, ja richtig ausgebeutet. Herrje, die Armen! Bin gespannt, wann die ersten männlichen Selbsthilfegruppen gegen den Sex-Imperialismus ins Feld ziehen und Ingo Appelt an der Seite von Pamela Anderson auf der Titelseite der Bildzeitung verkündet: Wir können nicht mehr! Die Verschleierung muss her!

Für Frauen sind nackte Körper so normal wie der Sand an einem FKK-Strand. Dagegen kann ein teilweise verhülltes Kunstwerk sehr anziehend wirken und reizvolle erotische Fantasien auslösen, die mit dem seelenlosen Gerammel in Pornofilmen absolut nichts gemein haben. Lust entsteht eben nicht dadurch, dass man gemeinsam den Beipackzettel einer Viagra-Pille liest, auch wenn beim Sex die Chemie stimmen muss. Etwas mehr darf es schon sein und gute Liebhaber wissen das. Aber die sind selten und existieren eigentlich nur in der Literatur von Männern für Männer. Beim Sex ist jeder Mann sein eigener Experte und lässt sich nur ungern ins Handwerk pfuschen. Aber auch Handwerk will gelernt sein und hat besonders beim Sex goldenen Boden. Danach schürfen die meisten Männer noch vergeblich, zumindest in den Rocky-Woman-Mountains. Frau hat manchmal den Eindruck, sie müsste ihn am Schalter der Kinderpost abholen. Durchschnittlich gesehen brauchen Frauen 29 Minuten bis zum Orgasmus und Männer zwei. Und da haben wir den Salat. ER fährt mit seinem PS-starken Sechszylinder-Turbodiesel-Einspritzer schnittig vor, um SIE zum Rockkonzert abzuholen, hupt einmal kurz, und wenn sie nicht augenblicklich in der Tür erscheint, braust er solo wieder davon. Anstatt es noch einmal zu probieren oder die Finger auf der Hupe zu lassen, bis sie kommt. Sie hat doch nicht vergessen, dass sie verabredet ist, sondern es dauert bei Frauen eben immer etwas länger, bis sie so weit sind. Das müssten Männer doch inzwischen eigentlich wissen. Und Drängeln nützt gar nichts. Es bewirkt eher das Gegenteil, z. B., dass sie plötzlich auf Rock'n'Roll keine Lust mehr hat, sondern viel lieber auf Migräne. Man kann den dicksten Braten in die Röhre schieben, doch der wird nicht gar, wenn man im Backofen lediglich das Licht anmacht. Dabei braucht man für die Handhabung der Schalter und Knöpfe ebenso wenig eine Feinmechanikerausbildung wie ein Kapitänspatent, um eine Ruderpinne in die Hand zu nehmen.

Auch beim Sex kann man sein Leben lang unbeleckt bleiben und versuchen, durch pure Willenskraft Briefmarken zum Kleben zu bringen. Davon können Zölibatäre ein Liedchen singen, das bis in die Kirchturmspitzen klingt. Aber gemeinsam kann man einiges auf die Schiene bringen und optisch gesehen laufen Schienen am Horizont zusammen. Laut Udo Lindenberg, dem jungen Rocker, geht's hinterm Horizont sogar noch weiter, und der nagelt ja laut Jürgen von der Lippe bekanntlich so lange, bis der Arzt kommt. Richtiger Sex ist eben noch schöner als sechs Richtige. Um all die prachtvollen Juwelen auf diesem Gebiet einzuheimsen, ist jeder von Natur aus Prinz oder Prinzessin in seinem Lustschloss, das entweder sofort erfolgreich steht und ein Leben lang hält, oder Risse im Fundament hat und nachgebessert werden muss. Fickst du schon oder bastelst du noch?, lautet die unübertreffliche Schwedenweisheit. Und dann heißt es auch weiterhin Hand anlegen für eine bessere Zukunft für Sie und Ihn. Und darüber reden hat noch nie keinem geschadet. Solange es Zwerge und Riesinnen tun, und das nicht nur im Märchen, gibt es immer Hoffnung auf guten Rumpelstilzchensex im Wald und auf der Heidi. Aber wie gesagt, was nützt der schnellste Learjet, wenn sie lieber Ballon fährt?

ER Sex

Ein Erguss über das Thema Sex kann immer nur eine Momentaufnahme sein, ein 16-Jähriger spricht anders darüber als ein 30-Jähriger, der erzählt praktisch zwei bis 100 Frauen später, je nach Beruf, Neigung und Temperament. Ich bin 59, da ist das Feld so gut wie bestellt, alle Dummheiten sind gemacht, es gilt nur noch den Beziehungsschatz zu hüten, man wendet sich Theorie und Kulturkritik zu. Da spricht man auch mal unbequeme Wahrheiten aus, wahrscheinlich, weil es einem selber wurscht sein kann, dafür aber den Applaus und die Zuneigung der Frauen sichert. Meine These: Frauen sind uns sexuell in jeder Hinsicht überlegen. Ich möchte das bei einem kleinen Schaufensterbummel durch das aktuelle mediale und künstlerische Unterhaltungsangebot in Sachen schönste Sache der Welt, wie sie oft, aber durchaus nicht immer zutreffend genannt wird, untermauern.

Die Frau besitzt ein Organ, dessen ausschließliche Funktion darin besteht, Vergnügen zu bereiten. Das ist einmalig in der Natur. Außerdem laufen in der Klitoris, denn von der reden wir, circa 10.000 Nervenenden zusammen, mehr als doppelt so viel wie im Penis, der ja schließlich auch noch die Kanalisation zu bewältigen hat, neben seiner Funktion als Großaufnahmenlieferant in der Filmindustrie. Das Burn-out-Syndrom durch Mehrfachbelastung ist vorprogrammiert, aber haben Sie schon mal gelesen, dass eine Klitoris schlappgemacht hat? Es gibt auch viele Männer, die glauben, sie hätten die Ejakulation gepachtet. Falsch! 30 Prozent aller Frauen tun es ebenfalls beim Orgasmus, zehn Prozent regelmäßig, wobei, und jetzt haltet euch fest, Jungs, die Menge der freigesetzten Flüssigkeit zwischen einigen Tropfen und mehreren Esslöffeln liegt!

Frauen machen insgesamt optisch mehr her. Greifen wir wahllos nur die weibliche Brust heraus: Sie ist sehr schön und es kommt ein Getränk raus. Sie hat also eine ästhetische und eine gastronomische Qualität und, das wollen wir doch nicht vergessen, sie ist eine erogene Zone. All das trifft auf die männliche Brust nicht zu. Die männliche Brust ist nicht schön, es kommt nichts raus und sie ist keine erogene Zone. Die männlichen Nippel sind etwa so sinnvoll wie Plastikobst.

Frauen haben auch die wesentlich größere kreative Sinnlichkeit, oder sinnliche Kreativität, wie Sie wollen. Wenn Sie zu einer Frau sagen: Schildere mal eine erotische Fantasie, dann geht die Post ab, dann wird sie einen locus amoenus schildern, dass uns der Atem stockt:

»Ich sehe meinen Partner und mich auf einer Kaschmirdecke am Ufer eines murmelnden Bächleins, die Luft ist schwer vom Duft blühender Pflanzen, eine Nachtigall tiriliert, über uns der blaue Himmel, vielleicht ein paar Zirruswolken wie hingetuscht, eine warme Brise umschmeichelt unsere bloßen Leiber, in einem Picknickkorb Champagner, Hummer, Austern, Scampi, Flusskrebse, wir bedecken uns mit diesen Köstlichkeiten und dann pflücken wir uns den Fisch vom Leib.«

Und jetzt fragen Sie mal einen Mann: »Schildere mal eine

erotische Fantasie!« »Häh?« »Du sollst mal eine erotische Fantasie schildern!« »Ja, wie jetzt? Ja, hier poppen, bis Qualm kommt.«

Ich weiß nicht, woher die Vorliebe von Frauen für Sex im Freien kommt. In einer Zeitung schilderten junge Damen ihre Erfahrungen. Eine sagte:»Wir sind aufs Land gefahren, ich hab mich auf die Motorhaube des Autos gesetzt. Es wurde ziemlich heftig, die Beulen in der Haube zeugen noch heute davon.« Wie bitte? Beulen im Auto? Offensichtlich verschweigt sie, dass der unglückliche Autobesitzer sie nackt in der Idylle hat sitzen lassen und bitterlich fluchend davongebraust ist, eine Reparaturwerkstatt suchen. Eine andere gab zu Protokoll:

»Wir kamen auf Gran Canaria morgens um 5 von einer Fete, sind in den Garten einer Hotelanlage gegangen und liebten uns. Es war sehr schön, bis die Bewässerungsanlage anging.« Das ist unter Comedy-Gesichtspunkten tadellos, aber für den Mann, der, wenn er oben lag, natürlich das ganze Wasser abbekommen hat, nicht so lustig. Und eine dritte Freiluftturnerin schrieb: »In einer Düne am Strand breiteten wir unsere Badetücher aus und fielen übereinander her. Erst als wir fertig waren, bemerkten wir die etwa zwanzig Schaulustigen auf der Promenade.« Das ist o. k. Rhythmische Anfeuerungsrufe sind sicher hilfreich, aber Strand? Eine Sandpanade im Intimbereich hat den gegenteiligen Effekt von Gleitcreme.

Sollten Sie mal Sex im Meer haben und von einem Hai angegriffen und ins – sagen wir – Bein gebissen werden, hier ein brandheißer Tipp: das Bein mit dem Haikopf über Wasser heben, sobald die Kiemen Luft atmen, lässt er los. Aber es bleibt festzuhalten: Frauen sind offenbar freizügiger als Männer. Sie haben auch die schöneren Kosenamen für ihr Allerheiligstes. Im Orient wird die Vagina oft als Höhle des weißen Tigers bezeichnet, in Arabien nennt man sie Leckermaul, im englischsprachigen Raum senkrechtes Lächeln (vertical smile).

Noch Fragen, ihr, die ihr euch originell dünktet, wenn ihr ihn Prügel, Dödel, Riemen oder Ziesemann nanntet? Was Männer allerdings manchmal tun, ist mit ihm sprechen, auch ich hatte so eine Phase. Ich war in der Pubertät, im Stimmbruch, krächzte so rum, während er, ich habe ihn damals übrigens Winnetou genannt, in meiner Fantasie über eine angenehm tiefe, sonore Stimme verfügte. Er sprach viel schöner als ich. Und er kommandierte mich pausenlos herum, in Liebesdingen: »Los, sprich sie jetzt an!« »Ich kann nicht.« »Du musst dich zwingen!« »Was soll ich denn sagen?« »Egal, bring sie zum Lachen!« »Wie denn?« »Zeig mich.«

Frauen sind ehrlicher. Angeblich reizt nur sieben Prozent der Männer ein Bordellbesuch, bei den übergewichtigen sollen es sogar nur vier Prozent sein, aber laut einer Umfrage würden 55 Prozent aller Frauen für 8000 Euro im Schnitt ein unmoralisches Angebot annehmen. Das heißt, 55 Prozent aller Frauen sind grundsätzlich zur Prostitution bereit, wenn die Kohle stimmt. Mich würde natürlich interessieren, wo die finanzielle Untergrenze lag, aber das sagte der Artikel nicht. Das ist so eine Meldung, die man mit gemischten Gefühlen liest. Auf der einen Seite ist man froh, dass dieser altehrwürdige Beruf nicht vom Aussterben bedroht ist, auf der anderen Seite muss man fest daran glauben, dass die eigene Frau natürlich zu den 45 Prozent Tugendboldinnen des Landes zählt.

Sollten Sie als Frau nun mit dem Gedanken spielen, sich ein Zubrot zu verdienen, hier noch ein Sicherheitshinweis: Für den Fall, dass mal ein Typ auf ungeschütztem Sex besteht, womöglich mit Gewalt, hat eine Südafrikanerin ein Antivergewaltigungskondom entwickelt, das die Frau sich vorsorglich einsetzt, dann schützt es sie nicht nur vor allem Unerwünschten, sondern bleibt dank zahlreicher Widerhaken am Eindringling haften, kann von dort nur chirurgisch entfernt werden und der Chirurg ruft dann auch gleich die Polizei. Da tun sich einige Fragen auf: Ist der Unhold so mit sich und seinem Schmerz beschäftigt, dass er nicht anschließend seiner Verstimmung Luft machen und handgreiflich werden kann? Und zweitens: Kann frau das Ding auch kurz vorher unbemerkt in den Mund nehmen? Ich denke auch, es muss doch ziemlich lästig sein, ständig mit so einem Einsatz herumzulaufen und praktisch auf einen Vergewaltiger zu warten. Wenn es aber total unauffällig ist, praktisch nicht spürbar, ist die Gefahr natürlich groß, dass die Falle auch bei einem willkommenen Verkehrsteilnehmer zuschnappt, eine intime Variante von ›friendly fire‹ sozusagen. Mein Vorschlag, die Mädels lassen sich erst mal T-Shirts drucken mit »Ich trage ein Antivergewaltigungskondom«, darunter ist das Prinzip beschrieben, da hat man in der Disco auch gleich Gesprächsstoff und jeder ist gewarnt, der Text wird sofort Kolophobie auslösen, Angst vor weiblichen Geschlechtsorganen, in schweren Fällen sogar Ithyphallophobie, Angst vor Erektion, und für den Fall, dass frau doch mit einem Typen in die Kiste will, dreht sie sich um und auf dem Rücken steht: War nur Spaß.

Zum Schluss ein paar Bemerkungen zum Höhepunkt. Ich habe es immer als ungerecht, ja diskriminierend empfunden, dass Frauen beim Orgasmus wunderschön aussehen, egal, ob sie einen haben oder nicht, Männer hingegen wie ein Gewichtheber mit Verstopfung. Oder wie Goofy beim Auspacken der Weihnachtsgeschenke. Ich weiß nicht, was Gott sich dabei gedacht hat, dass er uns im schönsten Moment, den das Leben für uns bereithält, aussehen lässt wie einen Volltrottel. Wenn er uns allerdings nach seinem Ebenbilde geschaffen hat, wie es in der Bibel heißt, hoffe ich, dass er eine Frau ist. Ich mag mir Gott beim Höhepunkt nicht als Mann vorstellen. Frauen sind auch akustisch die besseren Performer. Maria Scharapowa, schönste Tennisspielerin der Welt, stöhnte in Wimbledon beim Tennismatch 101 Dezibel laut, das

sind sechs db mehr, als ein Presslufthammer erreicht.
Unser Boris hat ja Wimbledon immer als sein Wohnzimmer bezeichnet. Wenn Maria schon im Wohnzimmer so
einen Alarm macht, wie viel db würde sie wohl in seiner
Besenkammer schaffen?

Frauen sind natürlich auch die besseren Schauspieler, eigentlich die einzigen, denn Männer würden nie einen
Orgasmus vortäuschen. Erstens aus ethischen Gründen
und zweitens bräuchten wir einen Special-effect-Mann
im Schlafzimmer.

Trotz alledem sollten wir froh sein, dass wir als Men-
schenmännchen geboren wurden und nicht als Männchen bestimmter Tierarten. Die Gottesanbeterin, das
wissen Sie, beißt dem Männchen den Kopf ab, nicht
nach der Paarung, wie ich auch immer dachte, nein,
während der Paarung, und wissen Sie auch warum? Weil
das Männchen dann länger zuckt, das ist schöner fürs
Weibchen. Eigentlich ein schöner Tod, so aus dem Vollen
raus. Der Honigbienenmann hats schwerer. Erst mal findet die Paarung im Fluge statt, das könnten Sie mit mir
schon mal gar nicht machen, entweder ich kann schön
ruhig daliegen, oder Sie können es vergessen. Und dann
hat das Bienenmännchen einen dreihörnigen Penis, der
verhakt sich im Weibchen, nach der Paarung reißt der
ganze Dödel ab, danach ist das Männchen nutzlos und
verreckt irgendwo in einer Ecke.

Auch Clownsfisch möchte ich nicht sein. Ein Schwarm
umfasst bis zu sechs Nemos. Boss ist ein Weibchen, die
Männchen sind Sexsklaven. Wenn die Alte abnibbelt,
stellt das stärkste Männchen die Samenproduktion ein,
lässt sich Eierstöcke wachsen und ist die neue Chefin.

Amerikanische Forscher haben herausgefunden, dass
Grillenweibchen ihre Partner beim Sex markieren, um
sich nicht aus Versehen ein zweites Mal mit ihnen zu
paaren ... Sie sind praktisch die 68er unter den Insekten.
Forscher sprechen in diesem Zusammenhang vom so-

genannten »Gen-Shopping«. Nicht Shopping-Gen, das gibt's bei den Menschenweibchen.

Stellen Sie sich mal vor, die Frauen würden uns Männern jedes Mal nach dem Sex einen Strich aufmalen ... Dieter Bohlen würde aussehen wie'n Zebra, den würde man nur noch das Strichmännchen nennen. Wobei ich denke, der würde sich die Striche selber malen und dann in die Sauna gehen, zum Angeben. Obwohl diese Saunagespräche natürlich nicht unwitzig wären: Was ist denn mit Ihnen los, Sie haben ja insgesamt höchstens dreißig Striche? Für einen katholischen Pfarrer in der Hocheifel ist das nicht schlecht.

SIE Urlaub

Im Urlaub werde ich regelmäßig sehr aktiv – im Nichtstun. Als Frau gewohnt, immer irgendetwas zu tun, ist das ja ganz einfach. Ich nehme mir das Faultier zum Vorbild, schlafe die ersten drei Tage durch und bewege mich dann nur noch in Zeitlupe. Am liebsten guck ich nur. Ich schau mir in Seelenruhe alles an, was da ist und passiert, auch wenn nichts passiert. Ich bin gern am Meer, mache aber selbst so gut wie keine Wellen und auch im Wasser mache ich stundenlang das tote Faultier. Manchmal vergehen zwei Wochen, bis ich wieder mit Sprechen anfange. In dieser Zeit erholt sich mein Mann immer prächtig. Zum Glück hat er auch kein Interesse an abzuarbeitenden Urlaubsprogrammen. Deswegen sind unsere Ferien nicht mit Sehenswürdigkeiten, Kunstschätzen und Ausflügen, sondern immer mit kulinarischen Genüssen gesegnet. Den sensationellsten Rinderbraten habe ich an der Biskaya gegessen und dieses Erlebnis verdanke ich der Tatsache, dass der im Umkreis von 200 Kilometern einzige VW-Käfer mit etwa 30 km/h auf meinen eigenen aufgefahren war. In der Nähe der Werkstatt, die etwas außerhalb des Dorfes gelegen war, entdeckte ich an einer Gebäudefront ein unscheinbares Schild, das auf Nahrungsaufnahme hindeutete. Neugierig traten mein Mann und ich ein und fragten, ob wir was zu Essen bekommen könnten. Eine freundliche Spanierin bejahte und führte uns in eine Art Wohnzimmer, in dem wir die einzigen Gäste waren. Wir bekamen ungefragt Rotwein und kurze Zeit später diesen außergewöhnlichen, einzigartigen Braten mit frischem Gemüse und Kräutern serviert. Eine Woche lang sind wir jeden Mittag wieder zum Verspachteln dieses himmlischen Bratengedichts erschienen und zum Schluss erfuhren wir, dass wir in einem Kloster verköstigt wurden und die freundliche Spanierin eine als Kellnerin verkleidete Nonne war.

Ähnlich erging es uns in anderen Ferien auf Menorca mit dem Linienbusfahrer der Strecke Mahon – Fornells, der freundlicherweise mitten auf der Landstraße anhielt, um uns aufzunehmen und in unserem Urlaubs- und seinem Heimatort abzusetzen. Völlig baff über die spontanen Möglichkeiten eines aufmerksamen Verkehrsteilnehmers, der uns vor dem sicheren Dehydrierungstod in sengender Mittagshitze bewahrt hatte – wohlgemerkt ohne Zahlungsaufforderung – wankten wir in Fornells ins nächstgelegene Restaurant am Hafen, um uns zu stärken. Die Küche war bereits geschlossen und als der Kellner unsere Bitte nach Tapas vernahm, meinte er, kein Problem, der Koch kommt gerade. Wer kam, war unser freundlicher Busfahrer mit der Kochschürze unterm Arm. Und kurz danach zwei mit Leber, Knoblauch, Öl und Kräutern gefüllte Schüsselchen, für die ich heute jederzeit mein Auto eintauschen würde. Dieses kleine Dorf hatte es kulinarisch gesehen dermaßen in sich, dass wir dort viele Jahre lang unsere Ferien verbracht haben. Der Fang der ansässigen Fischer kam direkt auf den Tisch der

Restaurants, was auch dem spanischen König nicht entgangen war, der sich extra einen Hubschrauberlandeplatz anlegen ließ, um dort zu speisen. Zu den exzellentesten Urlaubserlebnissen zählt natürlich die Einladung des dortigen Spitzenkochs, mit ihm zusammen sein Lieblingsrestaurant zu besuchen. Also fuhren wir gegen Mitternacht, er musste zuerst natürlich die Gäste seines eigenen Restaurants beköstigen, ungefähr 30 Kilometer durch die Inselnacht und landeten nach verschlungensten Wegen, die nur Einheimische kennen, in dem kleinsten Restaurant, das ich je gesehen habe. Zwei Tische. Das Besitzer-Ehepaar hatte es um diese Stunde gar nicht eilig, ganz im Gegensatz zu meinem Mann und mir, die wir schon den ganzen Abend mit leerem Magen diesem Ereignis entgegengehungert hatten. Doch zuerst wurden die Aperitifs getestet, fino, muy fino und muy muy fino, und anschließend unter Fachleuten die zum Essen empfohlenen Weine besprochen. Dann ging es gegen 1.30 Uhr endlich los. Es war so unbeschreiblich lecker, dass während des Essens kaum geredet wurde, und das in Spanien. Als wir gegen 4 Uhr nach Dessert und Digestifs vollständig in Wohlgefallen aufgelöst die Heimreise antraten, dachten wir schon, dass dieses Menü nicht zu toppen sei. Doch Diego, unser ausgezeichnet kochender Freund und Langustenspezialist, warnte uns vor einem endgültigen Urteil. Zuvor sollten wir noch die Küche eines anderen Kollegen testen. Diesmal ging es nicht spät, sondern schon am Mittag los. Nur 25 Kilometer weiter, aber in einer anderen Richtung, überraschten wir seinen Freund bei der Arbeit und bekamen zur Begrüßung noch viel feineren Sherry aus selbst angebauten Trauben. Danach lud uns der Meister in seine Hochsicherheitszone, die Küche, ein. Auf dem Herd standen viele große Töpfe, deren Deckel der Hohepriester mit diebischem Vergnügen anhob, um uns mit den ausströmenden Düften verrückt zu machen. Dazu erklärte er, was sich darin zusammenbraute. Eines der Aromen brachte mich fast um meinen Köchinnen-Verstand. Ich erfuhr, dass es sich um ›Perdiz al vinaigre‹, also Rebhuhn in Essig handelte, und orderte sofort für den Besuch am Abend. Schelmisch fragte mich der Meister nach dem Zustand meiner Kauleisten, denn es könnten noch Schrotkugeln im Fleisch der Vögel sein, die sein Freund am Morgen geschossen hatte. Was soll ich sagen, das abendliche Mahl, das alles in allem über sechs Stunden zelebriert wurde, war trotz dreier kleiner Eisenkugeln in meinem Mund so extrem exquisit, dass wir mit der Schubkarre nach Hause gefahren werden mussten. Ein Service, den der Sohn des Hauses so selbstverständlich übernahm, wie auch die biologische Mülltrennung. Um so ein Essen, das fast einen Arbeitstag lang dauert, zu genießen, braucht man Urlaub. Erst recht bei unserer nächsten Einladung auf der gleichen Insel, die ein Pirat ausgesprochen hatte. Als wir gegen 21 Uhr, wie in Spanien üblich, erschienen, wurden gerade die deutschen Schäferhunde, auf die der Gastgeber besonders stolz war, im Garten gefüttert. Wir hatten auch nicht nur Appetit, sondern großen Hunger um diese Zeit, wurden aber ins Innere des Hauses geleitet, wo einige andere Piraten pokerten, Musik hörten und Fachgespräche führten. Während wir mit dem Gastgeber fröhlich plaudernd erlesenste Getränke an ihre Bestimmungsorte beförderten, erschienen Piraten-Freundinnen, die zahlreiche, prall gefüllte Plastiktüten im Küchenbereich ablegten und wieder verschwanden. Obschon halb trunken, wurde uns dennoch klar, dass das die Zutaten für das angedachte Abendessen waren. Gegen Mitternacht fragten wir, inzwischen hackebreit, was denn eigentlich mit dem Essen sei? Kein Problem, meinte unser Seebär, die Mädels kommen gleich. Die kamen tatsächlich nach 1 Uhr, machten sich sofort an den Tüten zu schaffen, konnten aber der inzwischen brodelnden Partystimmung nicht lange widerstehen und warfen

sich mit einigen Longdrinks ins Getümmel. Bei Sonnen-
aufgang verließen wir in Hochstimmung diesen spannenden Hort interkulturellen Gedankenaustausches mit
leerem Magen. Wir bekamen gerade noch mit, dass die
deutschen Schäferhunde schon wieder gefüttert wurden.
Als wir nachmittags aufwachten und bei einem Kaffee
langsam wieder zu uns fanden, klopfte es. Draußen stand
eine wunderschöne Frau und fragte, ob wir nicht Lust
hätten mitzukommen, das Essen sei jetzt fertig.

ER Urlaub

Früher war der Urlaub kürzer. Da hieß er nämlich Urlub
und bedeutete die Erlaubnis seitens eines Höhergestell-
ten, fortzugehen. Das war im 9. Jahrhundert und seitdem
hat sich an der Urlaubsfront viel getan, ich z. B. habe von
meinen Eltern eine ganze Menge Unsinn gelernt in
Sachen Originalität. In unseren Familiensommerferien
(sechsmal Scheveningen, sechsmal Blankenberge) ging
es morgens aus dem Hotel an den Strand, auf den ge-
mieteten Liegestuhl in die Sonne, und dann ließ man
sich sechs Stunden braten, nur unterbrochen von gele-
gentlichen Wendemanövern, also von Rücken auf Bauch
und umgekehrt, Sonnenmilcheinreibungen, Badebreaks
(»Ich geh mal kurz tunken!«) und kleinen Mahlzeiten.
Abends wurden die dunkelviolett verfärbten Körper
wohlgefällig betrachtet und mit: »Da ham wir heute aber
einen schönen Schuss getan!« kommentiert. Übermäßige
UV-Strahlung als Auslöser für Hautkrebs hätte als Thema
vermutlich keine Chance gehabt, denn alle urlaubten
nach dem Prinzip der verbrannten Pelle. Ein Urlaub, den
man mir nicht ansieht, ist keiner, dieses Missverständnis
kriege ich bis heute nicht von meiner Festplatte gelöscht
und ich sammle begierig Artikel, die die stimmungsauf-
hellende Wirkung von echter und unechter Sonne

beschwören, die immunabwehrstärkende Wirkung, das meditative Moment und vieles mehr, nur um mich auch heute noch bei jeder sich bietenden Gelegenheit ohne nagende Zweifel an meiner Vernunft in die pralle Sonne knallen zu können. Mittlerweile hat – dank der Klimakatastrophe, ich nenne sie Wandel – Deutschland ja europaweit das schönste Wetter, also brauche ich auch meiner geliebten Sonne nicht mehr hinterherzureisen ... Ich fliege nämlich äußerst widerwillig, erstens selbstverständlich, weil diese Kerosinschleudern das Ozonloch vergrößern, zweitens, weil ich ungern ein Heidengeld für ein paar Stunden Legebatteriefeeling zahle, und drittens aus einem natürlich gewachsenen Misstrauen heraus, das viele Menschen unbewusst teilen, was sich z. B. darin manifestiert, dass nach geglückter Landung im Flieger applaudiert wird. Haben Sie schon mal erlebt, dass in anderen Verkehrsmitteln wie Taxi, Bus oder Bahn geklatscht wurde, nachdem man heil angekommen ist? Offensichtlich halten die Leute es eben doch nicht für selbstverständlich, dass man per Fluggerät störungsfrei von A nach B gelangt. Es wird einem ja immer erzählt, Fliegen wäre sicherer als Autofahren. Da sage ich: Klar, man ist im Falle eines Unfalles sicherer tot. Wer hat schon mal einen Autounfall überlebt? Fast jeder. Ich schon drei. Aber wer hat schon mal einen Flugzeugunfall überlebt? Da meldet sich nie einer. Warum wohl? Und wenn man die Bedeutung von Terminal einmal im Englischwörterbuch nachschlägt, findet man Endstation. Warum wählt man ein solches Wort für eine Lokalität, von der aus man eine Flugreise startet? Und warum gibt es keine Reihe 13 im Flieger? Was könnte jemandem in dieser Reihe Gravierendes passieren, was die anderen nicht auch betrifft? Hier ist doch viel Irrationalität am Start. Warum gelten Piloten als trinkfreudig? Ich sage immer, wenn man mich nach meinem Getränkewunsch fragt: Ich nehme dasselbe wie der Käptn. Dann weiß ich wenigstens Bescheid. Deswegen sitze ich auch gerne am Fenster. Man sieht so interessante Sachen, z. B. wie das eigene Gepäck in eine andere Maschine geladen wird. Auf Langstreckenflügen beneide ich immer Menschen, die, kaum dass sie sitzen, schon eingeschlafen sind. Das geht bei mir nicht, weil ich nur nackt schlafe. Man stelle sich das Hallo vor bei Mitreisenden, die immer eine Digitalkamera oder einen Camcorder mit sich führen, weil ich auch Schlafwandler bin und darüber hinaus, wie man mir berichtete, in solchen Phasen offensichtlich auch von wüsten erotischen Träumen heimgesucht werde. Aber auch wenn ich wider Erwarten wohlbehalten im Ausland ankomme, bleibe ich Bedenkenträger, zumindest dort, wo ich mich nicht fließend verständigen kann, was überall dort der Fall ist, wo man weder Deutsch noch Englisch spricht. Möglicherweise lasse ich mich auch von Presseberichten über die Spezialitäten der ortsansässigen Kriminellen eher beeindrucken als von noch so eindringlichen Schilderungen der warmherzigen Fremdenfreundlichkeit der Eingeborenen. So würde ich z. B. nie nach Neapel fahren, dort ist, wenn man Presseberichten glauben darf, Folgendes an der Tagesordnung: »Dem nichts Böses ahnenden Touristen kommt eine Frau mit einem Baby auf dem Arm und rechts und links einem größeren Kind entgegen. Plötzlich wirft sie ihm das Baby zu, er fängt es natürlich auf, die beiden großen Rotzlöffel machen ihm die Taschen leer, hauen ab, die Mutter fängt an loszuplärren und zerrt an ihrem Kind, er lässt natürlich los und rennt weg, wird von mehreren Passanten überwältigt und festgehalten, bis die Polizei kommt, und hat seine liebe Not, glaubhaft zu machen, dass er kein Kindesentführer ist. Guter Trick. Aber was lernen wir daraus? Wenn jemand in Italien Ihnen ein Baby zuwirft, weichen Sie aus, lassen Sie es fallen oder werfen Sie es sofort einem anderen Passanten zu.

Also ein Rucksackreisender, der, nur mit Reisepass und

Gottvertrauen versehen, fremde Länder erkundet, werde ich in diesem Leben nicht mehr, meine Frau desgleichen, bleibt also der Urlaub an immer demselben Ort, das kommt meiner kindlichen Prägung entgegen und hat den Reiz, den das Vertraute nun einmal hat, bevor es in die ebenso vertraute Langeweile umschlägt. Eine Reise auf einem Kreuzfahrtschiff ist wegen meiner extremen Neigung zu Seekrankheit keine Option, außerdem würde ich 24-stündigen, kostenfreien Zugriff auf erlesene Speisen figürlich nicht verkraften. Was aber, obschon Zielscheibe des Spotts eines jeden Satirikers, für mich durchaus geht, ist ein Cluburlaub. Er verbindet aus Kindheit und Militärdienst vertraute Rituale wie karge Unterkunft, den Zwang zu pünktlichem Erscheinen bei allerlei körperlichen Aktivitäten, die Möglichkeit zum Erwerb von meist auch mit einem unsäglichen Initiationsritus verbundenen Leistungsnachweisen aller Art mit der Möglichkeit des Ortswechsels, was einem die Chance eröffnet, sich in Spanien in einer dem Bruder des Reiseleiters gehörenden Ledermanufaktur, in der Türkei in der Schmuckfabrik des Cousins über den Tisch ziehen zu lassen. Wenn man es auch noch schafft, drei andere Pärchen für das Unternehmen Robinson, Neckermann oder Club Med zu gewinnen, hat man sogar die Gefahr gebannt, beim Abendessen an den Achtertischen womöglich mit wildfremden Menschen in Kontakt zu geraten. Im Club Med darf man darüber hinaus bei fehlender französischer Sprachteilhaberschaft sicher sein, aufs Possierlichste gemobbt und benachteiligt zu werden, also beim Tennis, wo es heißt, Vorbestellungen sind nicht möglich, immer schon Franzosen vorzufinden, beim Wasserski wird man nach einstündiger Wartezeit ohne Angabe von Gründen fortgeschickt, will sagen, man versteht das Fortschicken, nicht aber die Gründe, und da mag das ehemalige Staatsoberhaupt Chirac unserer Kanzlerin noch so inniglich die Griffel abgelutscht haben bei jeder Gelegenheit, ich halte das nicht für eine Gesinnungswende zwischen den beiden Völkern, sondern für eine individuelle erotische Verirrung. Apropos: Wer einen Cluburlaub alleine bucht, um sich für eine oder zwei Wochen noch einmal wie früher den Freuden des enthemmten Single-Daseins hingeben zu können, wird seiner Partnerin anschließend ohne zu erröten sagen können: »Schatz, ob du's glaubst oder nicht, ich war dir absolut treu!«

SIE Glück

Mein Mann hatte mal 6 Richtige im Lotto. Was für ein Glück! Pech war nur, er hatte vergessen, den Schein abzugeben. Seitdem ist er mir nicht weniger sympathisch, aber mein Verhältnis zum Glück hat sich relativiert. Wie zum Trost fand ich in den folgenden Tagen auf den Spaziergängen mit dem Hund viele vierblättrige Kleeblätter und habe mich über jedes einzelne gefreut. Das Geld hätten wir inzwischen längst ausgegeben, aber so bin ich heute immer noch glückliche Besitzerin von 42 getrockneten Glücksbringern. Man muss auf seinen Wegen halt nur ein bisschen die Augen offen halten, das Glück lauert überall, und meistens hängt es von einem selbst ab, ob eine Situation in Hochstimmung bringt oder frustrierend wirkt. Wenn ich beispielsweise in einem voll besetzten Restaurant sitze und plötzlich von Darmgasen gequält werde, kann ich entweder sauer darüber werden, dass ein schusseliger Gast die Eingangstür offen gelassen hat und ich auch noch im Durchzug sitze, oder glücklich, das Thema schnell vom Winde verweht ist.

Was hab ich mich früher darüber geärgert, dass die Bahnbistros um 23 Uhr geschlossen werden und ich nach einem langen Arbeitstag auf der Fahrt nach Hause auf dem Trockenen saß. Mein Zug fährt erst um 00.24 Uhr. In der Nacht, als ich auf den allerallerletzten Drücker zum Bahnhof gehastet kam, hatte er Verspätung. Statt wie üblich sauer zu werden, dachte ich, was für ein Glück, ich hätte ihn bestimmt knapp verpasst, und das wäre dramatisch geworden, denn es ist der letzte Zug nach Hause. Schon fasste ich meine Situation heiter auf, ich flitzte noch schnell zum Kiosk, kaufte eine Dose Bier und nutzte die Wartezeit, um meine Tagesfreuden zusammenzuzählen. Ich hatte einen guten Job gemacht, es hatte keinen Streit unter den Kollegen gegeben, im Gegenteil, sie hatten an meinen Geburtstag gedacht und mir kleine Geschenke mitgebracht, wir hatten nach der Arbeit noch beim Türken zusammen einen kleinen Imbiss eingenommen, der mehr Knoblauch enthielt, als ich das ganze Jahr über verbrauchte, aber trotzdem verdammt lecker war, kurz und gut, ich hatte allen Grund, glücklich zu sein, und war es dann auch, als hätte ich einen Schalter umgelegt. Mit einem fröhlichen »Guten Abend« auf den Lippen betrat ich das Bistro-Abteil, in dem drei Männer saßen, jeder stumm in seiner Sitzgruppe und in den eigenen Durst versunken. Ich installierte mich in einer eigenen Sitzgruppe, betrachtete meine Taschen und Tüten, freute mich und beschloss, nichts anderes zu tun, als mich die Fahrt über in aller Ruhe weiter zu freuen. Das herrliche Gefühl breitete sich von den Haar- bis zu den Fußspitzen aus und beim nächsten Halt war ich schon völlig durchgefreut. Ich holte mir den Aschenbecher, den das Servicepersonal vergessen hatte wegzuschließen, und mir fiel ein, dass ich den ganzen Tag über nicht geraucht hatte. Als leiser Ärger darüber aufsteigen wollte, dass ich jetzt wieder damit anfangen wollte, wurde der von der Freude quasi überrollt, mundtot gemacht, denn sie verkündete – keinen Widerspruch duldend – es sei jetzt besser, sich über die rauchfreien Stunden zu freuen. Basta!

Ich drehte mir eine. Vom vielen Freuen war mir warm geworden, ach was, ich glühte förmlich, lockerte meinen Schal und fragte mich, ob das nicht eher mit dem Doppelkorn zu tun haben könnte, den ich nach dem Essen getrunken hatte, um den Knoblauch in Schach zu halten. Falls das zuträfe, hätte man meinen Zustand als Kornglühen bezeichnen können, im Gegensatz zum Alpenglühen, das ja bekanntlich vom Enzian kommt. Ich zündete die Zigarette an und bemerkte laut, jetzt fehlt eigentlich nur noch etwas zu Trinken, und bevor das so oft gehörte Gejammer über das geschlossene Bistro losgehen konnte, zückte ich meine Dose Bier und sagte: »Ich würde sofort teilen, wenn es Gläser gäbe.« Ohne zu überlegen, stand einer der Männer auf, machte sich an der Bistro-Verkleidung zu schaffen und meinte, das haben wir gleich. Er griff seitlich um die Sichtfensterabsperrung herum und versuchte mit langem Arm, eins der dort hängenden Gläser zu erwischen. Das sah im ersten Moment Erfolg versprechend aus, führte aber zu Glasbruch. Völlig unerschrocken kletterte er nun an der Bistro-Verkleidung hoch, um durch die Lücke zwischen Sichtfenster und Waggondecke an ein Glas zu kommen. Dieser Stunt sah toll aus, und kurz bevor ihn die Kräfte verließen, kam der zweite Fahrgast zu Hilfe, stützte ihn mit einer Räuberleiter und sagte: »Würden Sie uns bitte warnen, wenn der Schaffner kommt?« »Aber selbstverständlich«, antwortete der dritte Fahrgast und nahm die eine Abteiltür ins Visier und ich die andere. Die Fummelei dauerte, aber schließlich zog er stolz zwei kleine Sektgläser hervor und ich goss uns ein. »Ich habe auch eine Dose Bier und würde gerne teilen«, meldete sich jetzt der dritte Fahrgast zu Wort, zog eine Isoliertüte mit dem Bild eines gebratenen Hähnchens aus seinem Aktenkoffer, worin sich eine kühle Dose befand. Das war der Startschuss für den Räuberleitererprobten, sich ebenfalls ein Glas zu organisieren. Er wählte eine neue Art des Eingriffs von der anderen Seite, was auch sofort zu Bruch führte, aber nach kurzer Schrecksekunde setzte er seine Bemühungen fort und eroberte freudestrahlend ein echtes Pilsglas, das umgehend gefüllt wurde. Jetzt stieg die Stimmung rasant und ich führte einen innerlichen Freudentanz auf, weil sich dieses dröge Abteil innerhalb kürzester Zeit in einen Abenteuerspielplatz verwandelt hatte. Während wir vier uns fröhlich zuprosteten, kam der Schaffner. Es war ihm anzumerken, dass ihn dieses Szenario zutiefst verunsicherte, aber er verlor kein Wort, kontrollierte die Fahrkarten und verschwand. Wir kamen locker ins Gespräch und erfuhren vom Brathähnchentypen alles über die zukünftige Herrenmode, denn der Fachmann kam gerade von der Messe. Das Pendant zu meinem Sektglas erzählte, dass er 24 Jahre lang in meiner Heimatstadt Küchen verkauft hatte, nun magenkrank sei und fast täglich abends nach Bad Neuenahr fahre, um zu tanzen. Der Pilsglasbesitzer entpuppte sich als Suggestopäde und Bachblüten-Therapeut, der auch Schamanismus-Seminare gab und Erfolgstrainer trainierte. Bingo! Das waren doch die Themen, die mich gerade am meisten interessierten. Der Abenteuerspielplatz verwandelte sich kurzfristig in ein ärztliches Behandlungszimmer und nach gründlicher Anamnese gab es wohlmeinende Ratschläge und Empfehlungen für den magenkranken Tänzer. Der blühte förmlich auf und bedauerte zutiefst, in Düsseldorf aussteigen zu müssen, nicht ohne den sich heimlich durchschleichenden Schaffner zu fragen, ob es möglich sei, bis Bochum weiter mitzufahren und von dort aus wieder Anschluss zurück nach Düsseldorf zu haben. Das ging um die Uhrzeit gar nicht mehr, brachte aber den Schaffner dazu, uns die im Zug befindlichen Sicherheitskräfte auf den Hals zu hetzen. Sie kamen, als das Behandlungszimmer gerade zum Seminarraum wurde, nahmen neben uns Platz und ließen uns nicht mehr aus den Augen. Was sie zu hören bekamen, steigerte ihre Verwirrung. Das

Fachgespräch über Bachblüten klingelte in ihren Ohren, der kurze Vortrag über westlichen Schamanismus versetzte sie ins Grübeln und nach der ausführlichen Darstellung des schamanistischen Philosophierades, das die weltlichen Denkansätze den Energien der Himmelsrichtungen zuordnet, verließen die Safety-Boys mit unsicherem Schritt unseren Spielplatz. Kurz drauf musste ich auch raus und bekam zum Abschied noch ein schamanistisches und ein topmodisches Küsschen auf beide Backen gehaucht, landete restlos glücklich im Taxi und starrte verzaubert in die Nacht. Es stimmte also, Gefühle entstehen im Kopf und geteilte Freude ist doppelte Freude, da sagte der Taxifahrer plötzlich völlig unvermittelt: »Ich mache mir solche Sorgen.« Es klang wirklich herzzerreißend kümmerlich. »Ich mach mir solche Sorgen, ich weiß nicht, ob ich alles richtig oder falsch mache im Leben. Ich bin völlig durcheinander. Ich bekomme langsam Angst, Tag und Nacht nur Sorgen.« Spontan und voller Überzeugungskraft antwortete ich: »Ach, machen Sie sich keine Sorgen. Sorgenmachen ist Quatsch und kostet viel Lebenszeit. Machen Sie einfach alles, was Sie tun, so gut Sie es können, dann brauchen Sie sich überhaupt keine Sorgen mehr zu machen.« Er schien erleichtert, ich hörte ihn einige Male tief durchatmen und beim Bezahlen lächelte er mich an. Sein Lächeln war zwar noch zart, aber immerhin ein erster Schritt, befand ich und kehrte zu meinem Freudentaumel zurück. Bei rotem Wein und Tabak verdaute ich genussvoll die Erlebnisse der Fahrt, gegen vier Uhr fühlte ich mich vom Glück beseelt und schlich mich ins Bett, um es mit meinem Mann zu teilen. Der erwachte auch, aber nur ganz kurz, denn sofort schlug ihn meine Knoblauchfahne k.o.

ER Glück

Das Glück gleicht dem Balle, es steigt nur zum Falle, sagt der Volksmund. Du sitzt im warmen Zimmer, ein Glas Wein, schöne Musik, du liest das neue Buch deines Lieblingsautors, oder du sitzt mit zwei Kumpels vor dem Fernseher, dein Verein liegt vorne, jedenfalls bist du glücklich. So lange, bis du diese Stimme hörst: »Schatz, im Schlafzimmer kommt Wasser durch die Decke!«

Oder du bist im Bett mit deiner neuesten Zufallsbekanntschaft, hast sie gerade zum vierten Orgasmus gebracht, da klingelt ihr Handy. »Ach du bist's, nein, du störst nicht. Nein, ich bin nicht allein, nee, kennst du nicht, wer? Nein, der doch nicht, wer? Schon lange nicht mehr, hör auf zu raten, wer? Nein, schön wär's.«

Wir wollen nicht begreifen, dass wir Glück nur mit einer Begrenzung nach vorne und hinten erleben.

Die beiden beschriebenen, abrupt beendeten Glückszustände könnte man als Glücksgefühl bezeichnen, oder Wohlfühlglück, wie Wilhelm Schmid es nennt, der auch gleich das englische und französische Wort mitliefert, happiness und bonheur, das Deutsche, auf dessen differenzierenden Wortreichtum viele so stolz sind, kennt nur ein Wort für Glück, das nun sehen muss, wie es mit seinen verschiedenen Bedeutungen klarkommt, nämlich dem Glück im Sinne von Schwein gehabt, sei es der Sechser im Lotto oder die Tatsache, dass im Zuge der innerbetrieblichen Rationalisierung nicht ich auf der Straße sitze, sondern der Kollege. Der Engländer nennt es luck. Und dann gibt es diese ganz verwaschene Bedeutung, die wir im Märchen immer beim Happy End finden, sie lebten glücklich und zufrieden und wenn sie nicht gestorben sind ... Was bedeutet das? Nichts. Es sagt aus, dass im Moment die Lebensumstände objektiv günstig sind, theoretisch könnte man sich am Stück freuen, glücklich sein, aber genau das funktioniert nicht, weil noch so glückliche Umstände uns nicht daran hindern, uns von Zeit zu Zeit schlecht zu fühlen. Die Psychologie will herausgefunden haben, dass wir uns ca. 60 Prozent unserer Zeit gut fühlen, 40 Prozent mies, völlig unabhängig von unseren äußeren Umständen, dafür sorgt normalerweise unser neuronales System. Man lese dazu vielleicht Solschenizyns »Ein Tag im Leben des Iwan Denissowitsch«, das eindrucksvoll beschreibt, wie der Mensch sich noch unter den fürchterlichsten Umständen sein kleines Glück zusammenzimmert. Es sei denn, ich kriege Depressionen, also pathologisches Unglücklichsein, dafür kann man nichts, da hat das neuronale System Scheiß gebaut, das ist Pech. Wichtig innerhalb der ganzen Glücksdiskussion, die schon Heerscharen von Autoren beflügelt hat, ist nur das große Missverständnis: Unbegrenztes Glück ist machbar.

Viele rennen ihr ganzes Leben der Illusion nach, dass es eine Periode nicht endenden Glückes gibt, wenn nur bestimmte Umstände eintreten.

Als Kind sagt man, wenn ich erst groß bin, wird alles toll, dann, wenn ich erst eine Freundin habe, dann, wenn ich erst verheiratet bin, dann, wenn ich erst geschieden bin, dann, wenn ich erst wieder verheiratet bin, wenn ich Kinder habe, wenn wir erst ein eigenes Haus haben, wenn die Kinder erst aus dem Haus sind, wenn ich pensioniert bin, wenn ich es bis ins Bad schaffe, ohne mir in die Hose zu machen. Ich sage nicht, der Mensch soll keine Ziele haben, die können wichtig für sein Selbstwertgefühl sein und ihre Erreichung kann auch mit einem kurzen Glücksgefühl einhergehen. Oft aber auch nicht. Jeder kennt die unerklärliche Tristesse, wenn etwas erreicht ist, das man sich sehr gewünscht hat, sie hat viele Namen bekommen, man spricht vom tiefen Loch, in das man fällt, Bloch nennt sie die »Melancholie des Erreichten«. Udo Jürgens sagt: »Die Sehnsucht stirbt an der

Schwelle zur Erfüllung.« Egal, ob ich eine Frau, der ich schon ewig hinterhersteige, rumgekriegt oder einen tollen Job gemacht habe, es läuft immer auf die Zen-Weisheit hinaus: »Der Weg ist das Ziel«, oder wie man in Essen-Krey sagt: »Vorfreude ist die schönste Freude«. Dasselbe sagt man auch in Leer, Köln-Kalk und Mecklenburg-Vorpommern. Gerade in Zusammenhang mit dem soeben erfolgten Beischlaf sagt der Lateiner: Post coitum omne animal triste. Danach sind alle traurig. Mein Glück ist vollkommen nur in dem Moment, in dem ich mich – angenehm ausgehungert – beim Aperitif in einem vielversprechenden Restaurant in netter Gesellschaft in die Karte vertiefe und mir gegebenenfalls ausmale, was ich nach dem Essen noch mit meiner Begleitung anstelle, wobei diese Überlegung, die den Mann ja auch unter Stress setzt, im vorgerückten Alter entfällt, da weiß man, dass man sich ganz auf Essen und schöne Konversation konzentrieren kann, denn der genossene vorzügliche Wein macht spätere Erokrobatik (eine Wortschöpfung aus Erotik und Akrobatik) und ihre conditio sine qua non, die Erektion, ohnehin hinfällig.

Und der Wegfall dieses Stressfaktors, wenn man ihn sich denn vor Augen führt, kann wieder zu einem kleinen Extraglücksgefühl werden. Und damit sind wir bei den Tricks, von denen Glücksratgeber voll sind, mit denen man eine Wohlfühlperiode herbeizaubern kann. Sehr hilfreich ist dabei ein Glückstagebuch, in das man abends schreibt, welche kleinen Dinge einen über den Tag für einen Augenblick froh gemacht haben. Sie werden sehen, schon dieser Vorgang macht nicht nur gute Laune, er macht auch dankbar.

Der Auslöser bei mir, so was mal zu versuchen, war ein Artikel in der Welt, Überschrift: »Dankbare Menschen sind glücklicher«.

Man könnte das fortsetzen mit: Nette Menschen sind glücklicher. Nehmen Sie sich vor, anderen, die Sie um etwas bitten, das nicht abzuschlagen, nur weil es Ihnen lästig ist, sondern die Bitte zu erfüllen. Und warum? Weil Sie sich anschließend prima fühlen. Ganz andere Schiene: Trinken Sie drei Liter Wasser zügig und verkneifen Sie sich das Pinkeln, so lange es irgend geht, am besten joggen Sie noch dabei, die anschließende Erlösung überschwemmt Sie womöglich stundenlang mit Serotonin. Nach einer körperlichen Anstrengung, zu der man sich vielleicht zwingen musste, kann man übrigens zuverlässig mit einem Glücksgefühl rechnen.

Viele Menschen, ich gehöre auch zu ihnen, haben eine ganz dumme Angewohnheit: Sie belohnen oder entschädigen sich mit Essen, das führt manchmal zu einer regelrechten Zwangsehe zwischen Nahrungszufuhr und Wohlfühlen. Sehr oft haben gerade diese Menschen – sagte ich schon, dass ich dazugehöre? – massive Gewichtsprobleme. Hier kommt ein Tipp: Essen Sie grundsätzlich einen Salat vor dem Mittag- und dem Abendessen, und zwar circa zwanzig Minuten vorher, damit der dicke Körper rafft, dass er schon was bekommen hat.

Hier mein momentaner Lieblingssalat: Alles, was knackig ist, in Würfel oder dünne Scheibchen oder feine Streifen schneiden, Rotkohl, Weißkohl, Kohlrabi, rote Zwiebel, Gurke, Radieschen, Möhre, dazu Streifen von Blattsalat, egal was, es kann auch Feldsalat oder Rucola sein, gerne auch eine Tomate, dazu gekochte Hühnerbrust in Streifen und zerkleinerte gesalzene Erdnüsse. Und ganz wichtig zum Bestreuen: Koriandergrün, gehackt. Und jetzt kommt's: Die Vinaigrette hat kein Öl und es schmeckt trotzdem himmlisch. Saft von einer Zitrone, eine kleine rote frische Chilischote entkernt und in Ringe geschnitten, je nach Abhärtungsgrad nehmen Sie auch ein paar der weißen Kerne dazu, 1 Teelöffel Salz, 1 gehäufter Teelöffel Zucker, ein paar Spritzer thailändische Fishsauce aus dem Asia-Laden. Alles mischen und ein paar Minuten ziehen lassen. Eine absolute Offenbarung! Sie werden

selber glücklich sein und jedes Mal wieder, wenn Sie es-
jemandem vorsetzen. Und vergessen Sie nicht, mich in
Ihrem Dankbarkeitstagebuch zu erwähnen!

SIE Religion

Gegen Religion ist an sich nichts einzuwenden. Ist ja
sonnenklar, dass sich jeder Mensch angesichts dieses un-
endlichen Universums mit Planetenbällchen, Galaxien
und Milchstraßen fragt, wer sich dieses unerklärliche
Spektakel eigentlich ausgedacht hat. Je nach Breitengrad
und Kulturkreis gibt es dafür unterschiedliche Erklä-
rungsmodelle. Was mich daran stört, ist die Tatsache,
dass man sich in der Regel nicht in aller Ruhe aussuchen
kann, was man glauben möchte. Schon bevor man Papp
sagen kann, hat man eine Religion abbekommen und
ist Christ, Moslem, Hindu oder Jude geworden. Statt
dieser Zwangsmitgliedschaft per Geburtsurkunde fände
ich eine Entscheidung im reifen Alter, sagen wir mit vierzehn, nach umfassender Information über alle Glau-
bensrichtungen im Religionsunterricht sehr viel witzi-
ger. Dann könnte der Lehrer das Ganze aufziehen wie
›Deutschland sucht den Superstar‹, nur eben mit Glau-
bensrichtungen. Für jede Religion würde ein Referat er-
arbeitet, das die Gruppe dann unter Einsatz aller erlaub-
ten Mittel, wie Musik, Tanz und Kostüm, vortragen
muss. Die Gruppe, für deren Religion sich am großen Fi-
naltag die meisten Schüler entscheiden, hat gewonnen.
Supi! Dabei sollten auch Naturreligionen, alle Götterwel-
ten und die zauberhaften Weltentstehungsmythen auf
dem Lehrplan stehen, denn sie üben auf das kindliche
Gemüt einen besonderen Reiz aus. Ich kann mich gut an
die Faszination erinnern, die Manitu und die ewigen

Jagdgründe in mir entfesselten, als meine Brüder mich an den Marterpfahl banden. In meinem ersten Asterix lernte ich die heiligen Männer der Kelten kennen, und die Druiden waren mir auf der Stelle sympathischer als die schwarz gekleideten Männer in unseren frostigen Kirchen. Erst recht in den Bann zogen mich einige Jahre später die indischen Gottheiten Shiva und Shakti, wenn sie in vollkommener sexueller Vereinigung dargestellt waren. Dagegen sträubten sich meine Nackenhaare, als ich von den Kreuzzügen, der Inquisition und den Hexenverbrennungen der Christen erfuhr. Solch einem Verein wollte ich gar nicht angehören, die hatten ja offenbar ihre eigenen Spielregeln nicht kapiert. Meine Eltern hielten sich in diesen Fragen stets bedeckt. Meine Mutter war so sehbehindert, dass sie in der Kirche nicht sah, wo das Kreuz hing, dafür wusste sie aber, wie man Deserteure vor den Nazis versteckt. Und Papas katholische Erziehung muss schlimm gewesen sein, denn er resümierte seine Erfahrungen in nur einem Satz: »Nimm dem Pastor das Gehalt und du siehst ihn auch nicht mehr in der Kirche.« Dennoch lehrte er uns, allen Kreaturen – auch Gläubigen – Toleranz, Verständnis und Respekt entgegenzubringen. Als bei uns zu Hause der Pfarrer aufkreuzte, um sich über meine Brüder zu beschweren, die in der Kirche Kracher gezündet hatten, erklärte er uns anschließend die Funktion der Kirche als eine Art seelischer Notaufnahme, in der Leuten geholfen wird, denen es schlecht geht und die inneren Frieden suchen. Mehr religiöse Aufklärung war seinerseits nicht drin, und die Schall- und Echoexperimente verlegten die Jungs anschließend in Tunnels, denn Frieden gehörte in unserer Familie zu den höchsten Gütern.

Warum kann der Wechsel einer Religion nicht ebenso unkompliziert sein wie der einer Sportart? Im Sport wird man ja auch nicht gezwungen, sein Leben lang Schlitten zu fahren. Man kann alles ausprobieren, jederzeit die

Turnhose gegen Fußballschuhe tauschen und sogar mehrere Sportarten gleichzeitig ausüben. Man darf sogar an seinen Leistungen Freude haben und Erfolge erzielen, während man als gebürtiger Christ das Gefühl nicht loswird, lebenslang in der A-Jugend zu spielen und immer das arme Schäfchen zu bleiben, dem von Zeit zu Zeit der Kopf zurechtgerückt werden muss. Die deutsche Kirche lässt uns nicht mal in den Genuss kommen, das freiwillige Geben zu genießen. Sie hat den Mitgliedsbeitrag schon abgezapft, bevor man sein Gehalt überhaupt in die Finger bekommt. Menschliche Schwächen, wie unfaires Verhalten und Fouls, werden im Sport durch Platzverweis und Spielsperren geahndet, aber doch nicht mit einer lebenslänglichen roten Karte wie bei der Exkommunizierung.

Angesichts derartiger Vorstellungen kommt mir die Religion vor wie ein in die Jahre gekommener Patient, der das Wartezimmer nicht mehr verlassen will. Längst hat die Wissenschaft viel Licht ins Dunkel gebracht, und hätte es zu Prophetenzeiten schon den DNA-Test für Joseph oder einen Dopingtest für Mohammed gegeben, wäre die Religions-Olympiade vielleicht anders ausgegangen. Menschen, die beim Ringkampf mit Gut und Böse Fehler machen, sind mir näher als solche Vertreter, die vorgeben, den besten Draht zum Oberchef zu haben und auf alles die einzig richtigen Antworten zu wissen, inklusive Jungfrauengeburt und Märtyrertod. Das ist angesichts des Schicksals von Galileo Galilei, des Päderastentums in Priesterkreisen und der Erkenntnisse der Quantenphysik genauso uncool wie ein Schwitzverbot in der Sauna. Nun hat der Papst auch noch die Vorhölle abgeschafft. Mein Gott, was denkt er sich dabei? Das war doch eine gut funktionierende Einrichtung. Auf diese Geisterbahn haben wir uns doch immer besonders gefreut und dafür regelmäßig Kirchensteuer gezahlt. Zudem hat er unlängst bei einem Besuch in Brasilien den Ureinwohnern klargemacht, dass sie freiwillig sowieso nicht gerne weitergelebt hätten, und dass ihnen deswegen die Christianisierung auf die Schüppe geholfen hat. Wer so was abseiht, braucht sich nicht zu wundern, dass der Dalai Lama bei uns immer beliebter wird und zur Zeit sogar mit zwei Prozentpunkten auf der Skala vorne liegt. Sollte sich der Papst mit seinen Schweizer Gardisten allerdings eines Tages aufmachen, um Steinigungen und Klitorisbeschneidungen vor Ort zu verhindern, würde ich mir die Sache noch mal durch den Kopf gehen lassen. Bis dahin trage ich lieber meine Dreifaltigkeitscreme auf und glaube, dass im Nichts, in der absoluten Leere, die Fülle wohnt. Beim Blick in unser Universum ist mir das schon plausibel. Es fällt mir nur noch in Hinsicht auf die schwarzen Löcher in meinem Portemonnaie ein bisschen schwer.

ER Religion

Ein gläubiger Mensch sagt: Gott hat den Menschen nach seinem Ebenbild erschaffen. Ich tendiere zur gegenteiligen Annahme. Weil er sich die Welt nicht anders erklären konnte, dachte sich der Mensch irgendwann mal einen allmächtigen Schöpfer aus, den er mangels Fantasie mit menschlichen Eigenschaften ausstattete. Dabei gab es große regionale Unterschiede. Besonders hoch her ging es im griechischen Götterhimmel, man denke an den ewig geilen Zeus, der sich u. a. in einen Schwan verwandelte, um bei Leda zu landen, da muss man erst mal drauf kommen. Bei den Römern oder Germanen sah es nicht viel anders aus. Eigentlich eine sympathische Bande von verhaltensauffälligen Chaotikern. Aber dank seiner größeren Durchsetzungsfähigkeit gegenüber Andersdenkenden, man könnte es auch Brutalität nennen, setzte sich im Abendland nun mal das Christentum durch. Hauptwerke: Das Alte und Neue Testament. Schon ein flüchtiger Blick auf den alttestamentarischen Gott könnte einen dazu bringen, ihm nicht im Dunkeln begegnen zu wollen. Es ging schon im Paradies los. Gott sprach zu den beiden: Esst alles, was ihr wollt, nur nicht die Früchte von diesem Baum. Hast du das gerafft, Adam? Jaha. Gott: Gut. Zwei Minuten später. Eva: Guck ma, Adam, lecker Äppelchen, willst du? Adam: Jaha. Gott: Warum hast du von dem Baum gegessen? Adam: Die hat gesagt ... Gott: Das steht auf einem anderen Blatt, Adam, aber du wusstest, dass du nicht von diesem Baum essen solltest. Adam: Mhhh. Gott: Warum hast du es trotzdem getan? Adam: Weiß nicht. Und jetzt sagt Gott nicht Dinge wie: Wie hast du dich dabei gefühlt, als du etwas Verbotenes tatest, oder: Warum hast du nicht versucht, auf Eva einzuwirken, oder: Gut Adam, du hast Scheiße gebaut, aber das hätte ich vorher wissen können, ich habe dich schließlich so geschaffen, also für diesmal drücke ich noch ein Auge zu, nein, er sagt: O. k., raus hier aus den Anlagen und zieht euch gefälligst was über, sieht ja verboten aus. Und ehe ich's vergesse: ab jetzt wird gearbeitet.

Und so geht das weiter: Abraham soll seinen eigenen Sohn opfern, erst im allerletzten Moment, wie bei ›Versteckte Kamera‹, löst Gott auf, dass das nur ein Scherz war, zwischendurch löscht er mal die ganze Menschheit aus, bis auf Noah und seine Frau, und im Neuen Testament muss der eigene Sohn dran glauben. Früher wäre ich für solche Zeilen verbrannt worden und es ist gewiss nicht das Verdienst der Kirche, dass das nicht mehr so ist, in anderen Kulturen dürfte man auch nicht ungestraft so reden, deswegen bin ich auch von Herzen dankbar, hier leben und wirken zu dürfen. Und als jemand, der im erzkatholischen Aachen der frühen Sechzigerjahre seine Sexualerziehung erlitt, glaube ich auch ein gewisses Recht auf Rache zu haben. Lassen Sie mich auch einen kleinen Hinweis darauf geben, dass Männer und Frauen auch Glaubensdinge unterschiedlich handhaben. Während ich als Kind jeden Samstag zur Beichte ging und dort etwas von unkeuschen Gedanken faselte, sonntags zur Messe ging, später auch Messdiener war, tat meine Mutter all das nicht, zündete aber immer, wenn sie sich irgendetwas wünschte, eine Kerze für den heiligen Antonius an, keine wirklich originelle Wahl, denn er ist der bekannteste Heilige der Welt und hat zahllose Patronate inne, u. a. für das Auffinden verlorener Gegenstände, weshalb er im österreichischen Sprachraum auch »Schlampertoni« genannt wird, was ich damals leider noch nicht wusste. Natürlich gibt es auch Männer, die ohne Gegenleistung Hilfe von ganz oben wollen, im Casino z. B. Fünfzig Mann stehen um einen Roulettetisch herum, zumeist gestandene Heiden, aber mindestens vierzig denken, lieber Gott, lass die 12 kommen, die 10, die 8, auf was halt jeder so gesetzt hat. Das ist übrigens ein schönes Beispiel dafür, dass auch die göttliche Allmacht ihre Grenzen hat: Selbst wenn Gott wollte, er könnte nicht allen gleichzeitig helfen! Häufiger kommt es natürlich vor, dass der Mensch mit religiösen Begriffen überfordert ist, er muss sich Eselsbrücken bauen oder hinkende Vergleiche bemühen. Die Ewigkeit z. B., die wir im Paradies verbringen oder in der Hölle, je nachdem, wir können sie nicht begreifen, wir wissen, sie ist relativ lang, aber wie lang, davon können wir uns nur eine ungefähre Vorstellung machen, etwa so:

Wir stehen in einer langen Schlange vor der einzigen offenen Kasse im Supermarkt, fünfzehn Leute vor uns, jeder mit knüppelvollem Einkaufswagen, an den Waren sind nirgendwo Preise dran, der Scanner ist kaputt, das Mädchen ist den ersten Tag da und spricht kein Deutsch, und jeder will mit Karte bezahlen oder ist 92, hat die Brille vergessen und sucht im Portemonnaie den passenden Betrag. Im Grunde ist das die zweite zentrale Frage: Ist nach dem Tode Feierabend oder kommt noch was und wenn ja, was?

Der finnische Autor Arto Paasilinna entwickelt in seinem hinreißenden Roman »Im Jenseits ist die Hölle los« eine tolles Post-Mortem-Szenario: Die Seele existiert je nach Entwicklung der Geistesgaben weiter, Tiere und Babys verschwinden praktisch sofort, besonders helle Köpfe, auch aus der Steinzeit, leben auch mal ein paar Jahrtausende weiter, man kommuniziert, kann überall hin und sich alles auf der Welt angucken, kann sich sogar in die Gedankenwelt der Lebenden einschleusen bis zu einem gewissen Grad, man kann sich verlieben, sogar Jesus taucht auf und hält Vorträge, ist aber weniger Gottes Sohn, sondern eher so eine Art Joschka Fischer des Jenseits. Gott spielt, ähnlich wie bei Epikur, keine Rolle.

Ich denke, man kann sich sein ganzes Leben lang lustige Dinge ausdenken, die nach dem Ableben mit einem passieren. Vielleicht Folgendes:

Ich bin gestorben, stehe an der Himmelstür, sie schwingt lautlos auf. Jemand kommt, sagt, Willkommen, Jürgen, und gibt mir ein Kästchen. Ich mache es auf und finde zwei Paar Handschuhe, drei Schirme, 200 Einwegfeuerzeuge, 300 Kugelschreiber, acht Schlüsselbunde, Kreditkarten, Ausweise, jede Menge Kleingeld und ich sage, was ist das? Und der Engel sagt: Jeder, der in den Himmel kommt, erhält, da er nun sein Leben verloren hat, alles zurück, was er jemals während seines Lebens verloren hat. Nun gibt es ja Leute, die sind wahnsinnig konzentriert. Die verlieren selbst nie etwas, amüsieren sich aber königlich über andere Leute, wenn die was verloren haben. Wo ist meine Brieftasche? Oh, Scheiße. Hähähähä, kannst ja eine Kerze für den Schlampertoni anzünden! Und dann kommt dieses Arschloch in den Himmel, kriegt seine Schachtel und es ist nix drin! Hähähähä!

SIE Gewalt

Gewalt kann ich gar nicht leiden und ich glaube, wir Frauen fanden Gewalt schon bei ihrer Erfindung scheiße. Gut, ein Mammut den Berg runterschubsen, damit man den Winter über etwas zu beißen hat, ist auch Gewalt. Aber den Mann gleich hinterher, weil er den größeren Anteil für sich beanspruchte, das ist uns Frauen nicht eingefallen. Auch einen Sippenchef um die Ecke zu bringen, nur um seine eigene Sippschaft um ein paar attraktive Weibchen zu bereichern, haben wir Jahrtausende lang mit Unverständnis beobachtet.

Der junge Deutschlehrer, der unsere Klasse am Gymnasium übernahm, stets mit weißem Hemd und Fliege angetan, war vor allen anderen Dingen ein eitler Bursche, der sich am liebsten selbst im Spiegel sah. Als er merkte, dass er mit seinem Schwiegermuttercharme bei uns jungen Mädchen keinen Stich machen konnte, wurde er brutal. Schon wenn er zur Tür hereinkam und wir nicht auf Kommando Guten Morgen sagten, brüllte er uns an: Euch mach ich so klein, dass ihr mit dem Zylinder unter der Tür hergehen könnt. Dass das nicht der Umgangston ist, der pubertierende Mädchen in Entzücken versetzt, brauche ich nicht zu betonen, und seine unangenehme Attitüde, mit dem schuleigenen Zeigestock durch die Bankreihen zu gehen und ihn unmotiviert blitz- und donnerartig auf die Tische zu schlagen, zerrte zusätzlich an unseren empfindlichen Nervenkostümen. Eines Tages, er stand vorne an der Tafel und schrieb eine Liste mit Büchern auf, die wir seiner Meinung nach längst hätten gelesen haben müssen, wenn unser Verstand nicht so kurz und unsere Haare nicht so lang wären, öffnete meine Schulbanknachbarin ihre Tasche und holte eine Wasserpistole heraus. Es war wie im Film. Sie legte an und drückte ab. Atemlos verfolgten wir, wie sie eine nasse Spur von der Schulterpartie bis hinunter zum Hosenbeinende auf seinem neuen graumelierten Anzug zog und danach die Waffe wieder wegsteckte. Es war muckmäuschenstill, als er sich umdrehte und uns weitere Unfreundlichkeiten an den Kopf warf. Dann setzte er sich seitlich aufs Pult und kaum hatte er seine Nässe am Hintern realisiert, blieben ihm die widerwärtigen Worte im Hals stecken und er verließ wortlos die Klasse in seitlichem Krebsgang, damit wir sein imaginiertes Malheur auf der Rückfront nicht sehen konnten. Die Tür war noch nicht ganz zugefallen, da brachen wir alle in schallendes Gelächter aus, das sicher im ganzen Haus zu hören war. Das war ein Fall von sanfter Frauengewalt, die dazu führte, dass wir diesen psychisch latenten Gewalttäter nie wieder sehen mussten. Richtig gewalttätig handeln Frauen nur in Notwehr. Ich hab mal erlebt, wie eine Studentenkneipe von einer übel gelaunten, frustrierten Männergemeinschaft aufgemischt wurde. Ihr Anführer knöpfte sich einen nach dem anderen vor und malträtierte Mathematiker, Germanisten, Mediziner, Hippies, Marxisten und Sozialwissenschaftler, bevor er sie fachmännisch vor die Tür setzte. Keiner wehrte sich. Meine Bekannte, ein aktives Mitglied der Friedensbewegung, hatte plötzlich die Nase voll von dieser einseitigen Machtdemonstration und schrie ihn an, er solle sofort aufhören. Er nahm sie gar nicht zur Kenntnis, da griff sie zum Barhocker und hat ihn damit umgehauen, von hinten zwar, aber trotzdem k. o. Seine Kollegen schleppten ihn weg und die Truppe wurde dort nie wieder gesehen. Meine Bekannte bekam ein halbes Jahr Freibier. Das hat mir schwer imponiert.

Paul bekam auch überall Freibier. Er war Korse und hatte den schwarzen Gürtel in Karate und beherrschte und lehrte auch alle anderen asiatischen Kampftechniken an seiner Schule in Paris. Den Sommer verbrachte er am Meer und verdiente nebenbei etwas Geld als Aufpasser bei den zahlreichen Volksfesten, die um diese

Jahreszeit in den Dörfern und Städten Südfrankreichs stattfinden. Er lud mich ein, ihn auf seiner Deeskalations-Diensttour zu begleiten. Sein Riecher für drohende Auseinandersetzungen war ebenso phänomenal wie seine Schnelligkeit. Noch bevor die z. T. überschwer alkoholisierten Streithähne zuschlagen konnten, hatte er sie schon getrennt und sie fanden sich unversehens auf dem Kinderkarussell oder im Toilettenhäuschen wieder. Ich fragte ihn, wie er das mache, und er sagte, er sei gelernter Schafhirte und hätte einen Blick dafür, wenn die Herde unruhig wird. Zurück in Deutschland, besuchte ich daraufhin einen Selbstverteidigungskurs, den die Karatekas meiner Stadt extra für Frauen zusammengestellt hatten. Das kann ich jeder Frau empfehlen. Seitdem jagt mir keiner mehr so schnell Angst ein, auch nicht der Rockerpräsident der ›Smiling Pigs‹, der mir den Zugang zu einer Disco verweigern wollte, die ich mir für diesen Abend als ›Muss‹ auserkoren hatte. »Verzisch dich, es ist voll«, sagte er und baute sich in voller Montur vor mir auf. »Engelchen«, sagte ich zu ihm, »wenn ich zische, bleibt von dir nicht mehr viel übrig. Also zähl mal bis drei, dann bin ich an dir vorbei.« Das war lange bevor der erste Harry Potter erschien, und ich weiß nicht, ob er wirklich gezählt hat, aber ich war drinnen – ohne Eintritt zu bezahlen. Als ich mir später an der Theke noch etwas zu Trinken besorgen wollte, saß er schon da und wies den Wirt an, mein Getränk auf seine Kosten zu notieren. Das gefiel mir und wir kamen ins Gespräch. Sie können sich gar nicht vorstellen, wie schwer und bewegend ein Rockerpräsidentenschicksal sein kann. Mir liefen dabei ein paar Tränen in den Pastis. Kurz vor Feierabend der Veranstaltung kamen wir jedenfalls darin überein, dass es besser ist, erst mal in Ruhe miteinander zu reden, anstatt sich gleich die Kette schmecken zu lassen, wie es im Fachjargon heißt. So viel Zeit muss sein, und ich denke, das ist schließlich der Grund dafür, dass ich meine Selbstverteidigungskenntnisse bis heute, toi toi toi, noch nie einsetzen musste.

ER Gewalt

Man hört oft als Antwort auf die beliebte Wochenendzeitungsbeilagenfrage: »Was würdest du tun, wenn du einen Wunsch frei hättest?« »Ich würde die Gewalt abschaffen!« Wunderbar, allerdings würde das nur mit Gewalt gehen und schon stehen wir vor einem klassischen Paradoxon. Gewalt gegen Sachen ist oft nötig, wir müssen, wenn wir ein neues Haus bauen wollen, in dem weniger geheizt werden muss und das Solarzellen auf dem Dach hat, um fossile Brennstoffe zu sparen, das alte abreißen, wir müssen den todkranken Baum, der droht, Kinder auf dem Spielplatz zu erschlagen, fällen und Gewalt gegen Personen ist oft genauso angebracht. Der Einbrecher, der meine Frau im Schwitzkasten hat, um ihr das Versteck der Familienjuwelen abzupressen, muss damit rechnen, dass ich ihm die Familienkuckucksuhr auf die Rübe haue, um ihn dann den Staatsorganen zu übergeben, die ihm wiederum präventiv Handschellen anlegen und einlochen, irgendwo ja auch ein Stück weit Gewalt ... genug, ich glaube, Sie wissen, was ich meine. Ich habe die Kriegsdienstverweigerung übrigens nicht deswegen verweigert, weil ich ein Kriegsfan bin, sondern weil mir bis heute kein Gegenargument zu folgender Feststellung untergekommen ist: Es hat einen Aggressor noch nie davon abgehalten, Menschen anzugreifen, die sich nicht verteidigen können. Was sollte ihn also davon abhalten, Menschen anzugreifen, die sich nicht verteidigen wollen?
Nach meiner Einschätzung können wir an real existierender Gewalt nichts ändern, sie belastet uns oft genug, ähnlich wie die Sexualität, und deswegen ist sie auch ein

ähnlich großes Thema in der Kunst, vor allem in der komischen.

Das klassische Grundmotiv für den – zwar heutzutage nicht mehr politisch, zumindest aber emotional – korrekten Einsatz von Gewalt in der Kunst (Buch, Film, Comic) ist die Bestrafung eines Bösewichts. Wer gerade der Oma die Handtasche geklaut hat, kann uns keine größere Freude machen, als dass a) ein deutscher Schäferhund sich in seinem Hintern verbeißt, b) ein Kind ein Säckchen Murmeln in seinen Laufweg streut, sodass es ihn spektakulär hinhaut, c) eine Frau ihn mit oder ohne Schirm ausknockt.

Die Argumentation, der hat das ja verdient und nur deswegen lache ich über sein Unglück, bricht natürlich spätestens angesichts der Sturzflut von ›my funniest homevideos‹ oder 90 Prozent des YouTube-Angebotes oder auch jeder ›Versteckte Kamera‹-Ausgabe in sich zusammen, wo ja völlig unschuldige Menschen leiden müssen, was sie im Übrigen von Herzen gerne tun, wenn sie feststellen, dass ihnen dabei Millionen Menschen zuschauen. Hatte also W. C. Fields recht, als er sagte, Humor entwickele sich immer aus dem Schaden anderer, oder ist es noch schlimmer: Hatte Freud recht, als er das Lachen u. a. als kompensierte Aggression bezeichnete? Wenn es so ist, plädiere ich für möglichst viele komische Erzeugnisse, in denen irgendwer Schaden nimmt, weil das Lachen darüber Abfuhr der eigenen Aggressionen bedeutet. Gewaltdarstellung im Film wird von Pädagogen nahezu unisono abgelehnt mit der Begründung, Kinder unter sieben Jahren könnten noch nicht zwischen Fiktion und Realität trennen, somit könnten sie desensibilisiert werden bzw. lernen, Gewalt als legitim zu empfinden, dasselbe gelte für labile Erwachsene. Mag alles sein, ist sicher auch ungut, aber man kann ja auch noch andere Dinge lernen. Nehmen wir die eindrucksvolle Szene aus Casino Royale, wo der großartige Daniel Craig bei seiner ersten James-Bond-Verkörperung von dem ebenso großartigen Bösewicht Madds Mikkelsen auf höchst spektakuläre Weise gefoltert wird: Einem Stuhl wird die Sitzfläche entnommen, der nackte, gefesselte Bond in den verbliebenen Rahmen gesetzt und bekommt nun mit einem dicken Schiffstau mit noch dickerem Knoten am Ende die Klöten poliert. Zugegeben, ich hatte, als ich das sah, aus einem Interview mit Craig die Vorinformation, seine Kronjuwelen seien durch eine Plexiglasscheibe geschützt gewesen und sie hätten sich beim Drehen amüsiert wie Bolle. Ob die Szene so wurde, weil sie so lachen mussten, oder ob das von vornherein im Buch stand, weiß ich nicht, jedenfalls kriegt Bond während der Tortur einen Lachflash. Und das ist doch auch mal etwas, was sich lohnt, gelernt zu werden: über Unbill lachen können. Die Shaolin und andere Mentalriesen lernen über Jahre, Schmerz ungerührt hinzunehmen, aber wenn man auch noch dabei lacht, macht das den Aggressor doch richtig fertig! Viele Väter gehen übrigens unbewusst diesen pädagogischen Weg: Wenn ihr Kind sich die Omme am Tischbein stößt und anfängt zu heulen, sagt Papa: Aber Mäuschen, nicht weinen, tut doch gar nicht weh, guck mal, Pappa macht es auch, dann haut er mit dem Kopf ans Tischbein und lacht, mehrmals, so lange, bis das Kind auch lacht. Und schon hat es gelernt: Schmerz tut nicht weh, Schmerz ist komisch. Sie finden das pädagogisch bedenklich? Ich auch, aber der Berufskomiker in mir wünscht sich natürlich, dass ein so geführtes Kind Berufsboxer wird. Axel Schulz hätte, wäre er so erzogen worden, seinen Comeback-Versuch erfolgreicher gestalten können.

Apropos: Warum stießen die beiden Kämpfe von Regina Halmich und Stefan Raab auf ein so riesiges Interesse? Weil es sehr komisch ist, wenn ein großer schwerer Mann, der verbal gern und oft austeilt, von einer viel kleineren und leichteren Frau nach allen Regeln der Boxkunst verdroschen wird. Und auch hier haben wir einen tollen pädagogischen Effekt: Theoretisch kann jede kleine leichte Frau einem großen Mann, der ihr dumm kommt, den Arsch vollhauen. Dass sie dazu ein Ausnahmetalent braucht und sich viele Jahre in Training und Kampf schinden muss, lassen wir jetzt mal weg, das würde den Spaß nur schmälern.

Die vermutlich erfolgreichste Jugendbuchreihe aller Zeiten, die genauso auch von Erwachsenen verschlungen wird, Harry Potter, ist im Grunde nur eine Aneinanderreihung von Gewaltanwendungen, aber eben im Zauberkostüm. Man mache sich das klar: Eine Schule, in der Kinder lernen, andere auszuschalten, z. B. mit einem Erstarrungszauber, den Hermine auch im Film anwendet, wo der dicke Typ steif wie ein Brett umfällt. Also wenn man so was könnte, so einen Erstarrungszauber, gar nicht für andere Menschen, eher für eigene Körperteile, da könnte man echt Geld sparen. Ich habe mir beim Lesen laufend Sachen vorgestellt, die ich gern machen würde, wenn ich zaubern könnte, mit dem Tarnmantel in die Umkleideräume von Germanys next Topmodel und dann den Models gerade so viel Pfunde auf die Hüfte zaubern, dass sie nicht mehr in diese Vorführfummel reinpassen, das wäre toll.

Oder beim Presseball allen Frauen im Saal die Schönheitsoperationen rückgängig machen.

Sie sagen jetzt: Ich bin schadenfroh. Natürlich bin ich das. Aber anders, als Sie meinen! Ich bin nicht froh darüber, dass jemand anders einen Schaden hat, ich bin froh darüber, dass ich ihn nicht habe, die Tatsache, dass es jemand anderem im Vergleich zu mir in diesem Moment schlechter geht, ermöglicht es mir überhaupt, zu empfinden, dass es mir selbst gut geht.

Der philosophisch ungeschulte Gutmensch, dem wir diese Argumentation um die Ohren hauen, hat daran natürlich erst mal zu knabbern, und damit sind wir bei meinem Lieblingsthema: verbale Gewalt.

Aggressive Dialoge sind das Kernstück jedes komischen Films, jeder Boulevardkomödie, der allermeisten komischen Bücher. Sie können in der wörtliche Rede für einen köstlichen Moment lang alle Regeln der Political Correctness über Bord werfen. Ich kann einen Politiker sagen lassen: Was wollt ihr Frauen eigentlich? Wir lassen zu, dass es Frauenkneipen gibt, wir haben Frauenparkplätze gebaut, wir bauen Frauenhäuser, und selbst da muss man euch noch hinprügeln! Es tut so gut, so etwas zu schreiben in Zeiten, in denen eine um die andere Männerbastion zerbröselt. Wo immer mehr Frauen die Beziehung beenden, und zwar mit den Worten: »Pass mal auf, wir passen nicht zusammen, ich bin Steinbock und du bist ein Arschloch, ich verlasse dich!« Und wo der Mann dann sagt: »Du hast ja so recht, kann ich mitkommen?« Letztendlich geht es immer um Macht. Wer sie hat, übt sie aus. Und das sind heute eben zunehmend die Frauen. Und die Kinder, denn aufgrund der herrschenden Meinung über Erziehungsmethoden mutieren die Eltern zwangsläufig zu Friedenstauben. Und das kann ein Kind, glaube ich, ganz schön aggressiv machen. »Ihr seid so voll Scheiße, ich hasse euch, ich könnte euch an die Wand klatschen.« »Möchtest du drüber reden?«

SIE Schönheitschirurgie

Meine Freundin Suse lässt sich jetzt die Brüste viereckig machen. Ihr Mann liebt Ritter Sport. Nun ist sie Oberschwester in der Psychiatrie – ihr kommen solche Wünsche ganz normal vor. Mir auch. Ich machte mir schon kurz nach meiner Geburt Gedanken über Schönheitschirurgie. Wie sollte dieser lange Schlauch zwischen mir und meiner Mutter verschwinden? Ich konnte noch keine Schere halten. Dieses eine Mal hat mir das Problem jemand abgenommen, und damit sollte aber auch genug sein. Pickel ausdrücken lernte ich schnell selbst sowie einen BH in der passenden Größe aussuchen, auch wenn ich mir immer nur die kaufe, die man als solche nicht bemerkt. Ich finde, schön sein können alle, auch ohne Chirurgen. Außer Pinocchio, der muss zum Schreiner, wenn er mal wieder gelogen hat. Wer dennoch unbedingt dickere Eier legen will als die normalen Chicken, sollte ganz genau in die Regenbogenpresse schauen. Die Bilder sind fast alle manipuliert. Schönheit ist hier kein Naturprodukt, sondern die geschickte Retusche von begnadeten Fotodesignern. Und wenn's doch mal naturell ist, ist das eine unter vierzig Millionen. Statt an sich rumdoktern zu lassen, rate ich zu Doktorspielen. Man kann auch mit krummer Nase geradewegs zum Orgasmus kommen oder mit etwas kürzerem Gerät Frauen lange beschäftigen.

Schönheitsoperationen sind was für den Notfall und nicht für den Zufall. Schon gar nicht, wenn selbsternannte Zauberer ihre Super-Operations-Beispiele wie Kaninchen aus dem Hut ziehen. Mir persönlich ist ein Fall bekannt, da hat sich eine Frau so lange das Fell über die Ohren ziehen lassen, bis sie ohne Spiegel ihr Namensschild an der Tür nicht mehr lesen konnte.

Mir ist am liebsten, mein Aussehen bleibt, wie es aussieht, denn nicht nur auf teuren Segeljachten, sondern auch in Geisterbahnen wird auf Deubel komm raus geknutscht.

Neulich hörte ich beim Friseur eine Frau sagen: »Meine kurzen Haare gefallen mir nicht mehr. Machen Sie mir lange Haare, aber bitte nichts Künstliches.« Faszinierend. Ich fragte sofort nach, ob eine Nasenhaarverlängerung bei meinem Mann möglich sei. Das fanden die gar nicht lustig, stattdessen besprachen sie weiter mit fach-

gerechtem Ernst das Hairstyling inklusive der Strähn-
chenfarben für ihre Kiddys. Da blüht für mich der Schön-
heitswahnsinn in voller Pracht und Nachwuchskraft. Als
nächster Programmpunkt wurden dieser Frau die sensi-
belsten Werkzeuge, die die Natur ihr geschenkt hat,
handlungsuntauglich gemacht. Was stellte sich diese
Schönheitskundin bloß vor, mit künstlich langen Fingernägeln von Flugsaurierkrallenlänge noch machen zu
können – außer sie abzubrechen? Und wie steht's mit der
Verletzungsgefahr beim Sex, Popeln oder Windelnwech-
seln? Wer kriegt mit solchen Nägeln noch eine 50-Cent-
Münze in Fahrkarten-, Kondomautomaten oder Flipper
bugsiert? Die zunehmende Anzahl menschlicher Mo-
gelpackungen, mit Lippen, die an aufgeblasene Baby-
Planschbecken erinnern, mit Nervengift unter der Haut,
das das Runzeln der Stirn unmöglich macht – wie beim
Affen – und Beulen in der Karosserie von Crash-Test-Aus-
maßen, die vom Fettabsaugen herrühren, nimmt täglich
zu. Man sollte sich die schier endlos lange Liste fehl-
geschlagener Schönheitsoperationen im Internet an-
schauen, bevor man sich selbst unter profitgeschärfte La-
sermesser legt. Wenn Sie sich dann partout immer noch
über ihr eigenes Gesicht oder den Arsch in der jetzigen
Form Gedanken machen wollen, seien Sie beruhigt, an
unser aller Ende wird's der Bestatter schon richten. Falls
Schönheit die Lebensschlacht entscheiden kann wie Blü-
cher die Schlacht bei Leipzig, dann wird sie sicher auch
den Klima-GAU besiegen. Für den Fall, dass dieser glückliche Umstand eintrifft, habe ich meinem Mann versprochen, mich operieren zu lassen. Meine Zunge ist ihm zu
spitz. Ich werde den Fachmann oder die Fachfrau fragen:
»Haben Sie da was anderes im Angebot?« – »Oh ja sicher,
wie wärs mit einer, die lispelt? – Oder diese hier, heute im
Sonderangebot, die hängt immer schön lang seitlich heraus! Die wird gerne von eingebildeten Workaholics genommen und auch zum Karneval.«

In diesem Sinne, liebe schöne Leserinnen und Leser, tragen Sie weiterhin gelassen Ihr großes Herz auf der Zunge und bleiben Sie schnittig, ohne sich schneiden zu lassen. Diese ganze Schönheitshysterie schadet doch nur dem inneren Gleichgewicht.

ER Schönheitschirurgie

Ich werde oft gefragt, Jürgen, welche Scherze kann man machen und welche nicht? Und ich sage dann immer: »Witze über hässliche Menschen können Sie gefahrlos machen, es wird nie jemand auf sich beziehen.« Ein Gag wie: Ich kenne eine Frau, die ist sehr hässlich, sie hat einen wirklich unglaublich hässlichen Mann geheiratet. Die beiden haben auch Kinder, die sind so hässlich, da kleben im Familienalbum nur die Negative. Davon abgesehen, dass der Scherz im Zeitalter der Digitalkamera sein Alter nicht verbergen kann, birgt er kein Risiko. Oder: Wie nennt man eine hässliche Stewardess? Notrutsche. Kein Risiko. Es gibt keine hässlichen Stewardessen. Obwohl kein Mensch sich für hässlich hält, besitzt aber fast jeder an seinem Körper einen wunden Punkt, eine vermeintliche Schwachstelle, einen Problemspot, den er gerne anders haben würde, schöner, perfekt eben. Er glaubt, wenn dieses Problem behoben wäre, würde das Füllhorn des Glücks nie mehr zu sprudeln aufhören. Der Psychologe spricht von Dysmorphophobie. Das ist natürlich Unsinn. Nehmen wir Thomas Gottschalk, Mike Krüger und Steffi Graf, alle drei Menschen mit einer wirklich großen Nase, auf der bequem mehrere Greifvögel nebeneinander Platz hätten. Trotzdem können alle drei bereits jetzt auf eine tolle Lebensleistung zurückblicken und privat steht auch alles zum Besten. Die Nase war also kein Hinderungsgrund. Als Kinder sind sie vermutlich oft gehänselt worden, aber geschadet hat es ihnen nicht. Sie kennen vielleicht den Film Roxanne, mit Steve Martin, in dem 26 Scherze über eine große Nase vorkommen, Jokes wie: »Was ist passiert, haben Ihre Eltern eine Wette gegen den lieben Gott verloren?« »Geht in Deckung, Leute, ich glaube, da braut sich ein Niesen zusammen.« Oder die geheuchelte Hilfsbereitschaft: »Wissen Sie, Sie müssen einfach optisch von der Nase ablenken, indem Sie etwas Auffälliges tragen, den Eiffelturm vielleicht.« Oder wenn Sie das erste Mal mit jemandem verabredet sind, der einen Riesenzinken hat, können Sie sagen: »Hey, o. k., Ihre Nase war pünktlich, aber Sie waren zu spät.« Oder wenn es dann intim wird: »Da wären wir also, nur wir drei.«

Oder das geheuchelte Kompliment: »Sie sind zu beneiden, Sie tragen ein tolles Parfüm und können sich selbst am Ohr schnüffeln.« Oder: »Sie könnten mit Pornos Millionen machen!« Oder: »Der Herr hat's gegeben und er hat einfach nicht mit geben aufgehört.« Der Trick ist: Saugen Sie Honig aus Ihrem Rüssel, im übertragenen Sinne, kommen Sie den anderen zuvor, sammeln Sie all die Nasengags und machen Sie sie selber: »Ich mache nie Urlaub am Meer, womöglich beeinflusst mein Zinken Ebbe und Flut, ich rieche auch nie an Blumen, weil die sich dann wahrscheinlich vor Angst ins Töpfchen machen würden ...« usw. Vermutlich reicht aber schon ein einfaches: »Hat mal jemand ein bisschen Koks da?« Sie sehen, bevor man die Hilfe eines Schönheitschirurgen in Anspruch nimmt, sollte man vielleicht einen Gagschreiber konsultieren, der einem hilft, aus einer kleinen körperlichen Besonderheit soziales Kapital zu schlagen und Partykönig/in zu werden.

Manches regelt die Natur auch von selber. Glatzen bei jungen weißen Menschen waren vor einigen Jahren noch etwas Aufsehenerregendes. Man fragte sich: sind die kahl geboren worden oder sind die Haare erst später ausgefallen und wenn ja, nacheinander oder alle auf ein-

mal? Oder man dachte an die Folge einer Chemothe-
rapie, oder – schlimmer noch – man mutmaßte, dass
unter der verpickelten Schädeldecke nationalsozialisti-
sches Gedankengut schlummerte. Mittlerweile gehen
den meisten Mittzwanzigern die Haare aus, auch um die
Potenz ist es ja bei jungen Männern dramatisch schlecht
bestellt, Umweltgifte sollen daran schuld sein, wie auch
immer, viele treten die Flucht nach vorn an und wählen
den Bruce-Willis-Look, und plötzlich sieht es auch bei
Weißen cool aus und man läuft mit seinen Glatzengags
ins Leere. Dinge wie: »Hey, in diesen schweren Zeiten, wo
wir alle den Gürtel enger schnallen müssen, sind Sie ein
echter Glückspilz, Bohnerwachs ist billiger als Sham-
poo.« »Toll, Sie wirken immer furchtlos, Ihnen können
nie die Haare zu Berge stehen.« Oder: »Sie haben es gut
im Winter, Sie können Schneeflocken hören.« Oder die
Mutter aller Glatzenwitze: »Hey, ich habe einen Job für
Sie: Deoroller bei King Kong.« Oder: »Sie sollten in Südfrankreich Urlaub machen, Sie haben bei einem Waldbrand nicht viel zu verlieren.«
Elton John hätte sich die 25.000 Dollar, die seine Haar-
transplantation angeblich gekostet hat, also sparen und
sich dafür noch ein paar Brillen bei Fielmann kaufen
können.
Die Schönheitschirurgie bringt viel unnötiges Leid über
die Menschen, vor allem über die armen Kerle, die für
den Unsinn blechen müssen und anschließend aus allen
Wolken fallen, wenn sie das Ergebnis sehen. Ich denke,
der Moment, in dem die Binden abgenommen werden,
hat viel gemeinsam mit dem Auspacken von selbst gebastelten Geschenken zu Weihnachten oder dem Öffnen
von Babywindeln: Man weiß nicht ganz genau, was man
gleich sehen wird, kann sich aber ziemlich sicher sein,
dass es einem nicht gefällt. Ich rede hier nicht von dem
Versuch, die Folgen eines Unfalls optisch erträglicher
zu gestalten oder Ähnlichem, sondern von Frauen oder

Männern, die glauben, ihre natürliche Grundausstattung sei ungeeignet, um eine ausreichende Anzahl von Sexualpartnern anzulocken oder dem eigenen Talent wirklich entsprechende TV-, Film- oder Theaterrollen zu akquirieren. Das Problem ist, dass man es einem Gesicht ansieht, ob jemand an ihm herumgepfuscht hat, und damit wirkt es unnatürlich und abstoßend. Ohne dass ich jetzt religiös erscheinen möchte, es ist, als hätte man die Garantie verwirkt, dadurch, dass man ohne erst den Hersteller zu kontakten, mutwillig selbst an einem technischen Gerät herumgefummelt hat. Ich durfte bei »Wetten dass« Cher einmal aus der Nähe betrachten, eine wunderbare Sängerin, tolle Schauspielerin und ursprünglich mal eine ganz ungewöhnliche, aufregende Schönheit. Aber da sah sie nur noch aus wie der Versuch Gottes, die menschliche Haut auf das Äußerste zu spannen. Angeblich ist die ganze Frau ein komplettes Ersatzteillager. Was für ein schreckliches Missverständnis! Natürlich gewinnen bei der Frage: Welches Gesicht findest du am schönsten? regelmäßig Bilder, die am Computer entstanden und deswegen völlig symmetrisch sind, was unseren Sinn für Harmonie an- und wohl auch Gesundheit und damit gute Gene verspricht. Aber das ist graue Theorie! Verlieben in freier Wildbahn heißt doch körperlich abhängig werden von einer Stupsnase, in deren Löcher je eine Linda-Kartoffel passt, oder ein kaum wahrnehmbares Schielen, sei es der Augen oder des Busens. Something special! Für jedes Töpfchen laufen nicht nur ein, sondern viele passende Deckelchen herum. Und den Typen, der sagt: »Schatz, ich stehe tierisch auf dich, aber ein größerer Busen wäre toll, was hältst du davon, wenn ich dir den zum Geburtstag schenke?«, den sollten Sie, bevor Sie mit ihm Schluss machen, noch schocken mit: »Nur wenn ich dir eine Penisverlängerung schenken darf!«

Und im Gegensatz zu einer von Gott gegebenen Nase kann man mit gespritzten Lippen oder Silikontitten nur schwer selber Comedy-Gold schürfen. Ein lässiges: »Kann mal einer von euch Jungs bei mir den Luftdruck prüfen?«, dürfte weder unter Waldorfschullehrern noch unter Hells Angels Zeugungskräfte freisetzen.

SIE Reinkarnation

Reinkarnation – klingt im Deutschen wie ein Wildtier, das nichts zu beißen hat. So kam ich mir auch vor bei meinem ersten Déjà-vu. Ich schaute auf den Herner Bahnhof und hatte plötzlich die Empfindung, dass sich jemand in mir an diesen Anblick wehmütig erinnerte. Das war komisch, denn der Bahnhof lag auf meinem Schulweg und sein Anblick hatte mir noch nie die Tränen in die Augen getrieben. Ich blieb einen Augenblick stehen und ließ meinen Blick auf dem Bahnhof und dem Vorplatz ruhen. Das stimmte die Wehmut freudig, sie sagte: »Oh, wie schön es war«, und verschwand. Was war das denn, überlegte ich verblüfft, hatte ich etwa einen blinden Passagier an Bord, der gerade mal aus dem Fenster geschaut hatte? Oder war ich jetzt schizo, also zwei, und das war unser erstes Date?

Mit 17 begann ich, einem inneren Ruf folgend, plötzlich grünen Tee zu trinken und Yoga zu machen, und freute mich über eine kleine gusseiserne Teekanne aus China, die meine Oma mir aus der DDR mitgebracht hatte, als wäre es der heiligen Gral. Nach zwei Wochen war der Tee-Spuk vorbei. Ich war wieder ein normaler Teenager mit nichts als Jungs und Musik im Kopf, aber der Eindruck, einen weiteren unbekannten Fahrgast kennengelernt zu haben, möglicherweise einen in seiner Einsiedelei durchgeknallten asiatischen Mönch, blieb dank der Kanne in meinem Schrank.

Jahre später, als ich ein Buch mit Protokollen von Hexen-prozessen lesen wollte, brach mir schon bei der ersten Seite der Schweiß aus und mit zitternden Fingern warf ich das Buch in den lodernden Kamin. Eine Hexe saß also auch im Waggon. Ich bekam langsam die Vermutung, ein mit Wiedergeburten voll besetzter Zug zu sein und wurde auf die restliche Bagage neugierig. Schade, dass man nicht mit einer kompletten Liste aller Vorleben im Fäustchen geboren wird. Es würde doch manches Eltern-paar nachsichtig stimmen, wenn es wüsste, dass es sich bei ihrem schreienden Hosenscheißer um einen wieder-geborenen Caruso oder Elvis handelt, und für den jun-gen Julius Cäsar würde Papa den Kinderwagen sicher zu einer Triumphkarosse umbauen und ihn stolz durch die Straßen des Stadtteils schieben, während Mama zu Hause den Lidstrich von Kleopatra nachzieht. Aber leider hat man über seine Vorleben nichts in der Hand und ist auf eigene Eingebungen angewiesen. Die Merkwürdigkeit, dass mir aus meinem langjährigen Französischunterricht nur zwei Zeilen aus einem Text über Jeanne d'Arc in Er-innerung geblieben sind, überzeugte mich schon, sie im Gepäck zu haben, zumal ich diese Zeilen auch noch gerne laut rezitiere und mich dabei jedes Mal ein aufre-gendes Kribbeln durchströmt: »Jeanne, Jeanne, part en guerre, livre la France des Anglais et fait sacrer le Roi!« (»Jeanne, Jeanne, zieh' in den Krieg, befreie Frankreich von den Engländern und kröne den König.«). Mit Ge-wissheit kann ich heute nicht mehr sagen, ob dieses Krib-beln von der göttlichen Eingebung, der bevorstehenden Schlacht oder von meinem Ende auf dem Scheiterhaufen herrührt, aber ich vermute Letzteres, denn unter großer Anteilnahme nachts auf einem Scheiterhaufen abgefa-ckelt zu werden, ist natürlich ein ganz anderer Event, als einvernehmlich die Schläuche abgeklemmt zu kriegen. Dass das ausgerechnet am 30. Mai 1431 passierte, hat mich wohl auf die Hexenumlaufbahn gebracht, denn an diesem Tag wird die Walpurgisnacht eingeläutet. Den vertrockneten Inquisitoren selbst als brennende Fackel noch vor die Füße zu spucken und sie als elende Würmer zu verfluchen, hat mir sicher gutgetan, weil ich von dem Verrat des höfischen und kirchlichen Gesocks an mir als Jeanne noch einen ziemlichen Hals hatte.

Als Nächstes knöpfte ich mir meinen Namen vor. Mit meinem Vornamen traf ich sofort ins Schwarze, denn »Monika« ist punischen Ursprungs und bedeutet »Die Göttin«. Das ging runter wie Balsam. Wie aus heiterem Himmel fiel mir dazu die Königin von Saba ein, die ich gleich mit auf meinem Konto verbuchte, weil unser Fernseher ein Gerät der Marke Saba war. Auf Zufälle kann man bei dieser Forschungsarbeit keine Rücksicht nehmen, da ist jedes Detail ein wichtiger Hin- bzw. Beweis, wenn nicht gar ein Volltreffer. Mein Nachname brachte mich wieder ins düstere Mittelalter, zu der westfälischen Prinzessin Anna von Cleves, die aus politischen Gründen 1540 mit dem englischen König verheiratet worden war. Ausgerechnet mit Heinrich dem VIII. Der hatte mich schon in der Schule angekotzt wegen seines hohen Frauenverbrauchs. Mit Genugtuung las ich, dass ich dem das Eheleben dermaßen zur Hölle gemacht hatte, dass er sich nicht traute, mich ebenfalls köpfen zu lassen, sondern froh war, mit einer kostengünstigen Scheidung davonzukommen, zu der er mir noch Ländereien in Richmond und Surrey schenkte. Ein Jahrhundert später, 1678, schrieb die Comtesse Marie de la Fayette einen kurzen historischen Roman mit dem Titel: La princesse de Clèves, den ich auf einem Flohmarkt entdeckte und erstand. Dessen Handlung spielt am französischen Hof und erzählt von der tragischen Liebesgeschichte zwischen der mit einem alten Sack verheirateten jungen Prinzessin und einem gut aussehenden Chevalier. Und statt sich über den Tod des Alten zu freuen und endlich den heiß begehrten Chevy zu vögeln, ging sie ins Kloster, mit der

Begründung, das sei ihr lieber, als eines Tages von ihm
verlassen zu werden. Ja, Prost Mahlzeit! So doof kann
man in diesen Kreisen werden. Als mir dann noch meine
Mutter bei einer Einkaufstour im Pariser Kaufhaus Lafa-
yette erzählte, sie träume öfter davon, eine Hofdame zu
gewesen zu sein, stellte ich meine Forschungsarbeit auf
der Stelle ein. Aber wie das mit einem spannenden Krimi
so ist, man kann nicht mittendrin aufhören. Viele Jahre
später, ich lag im Schwimmbad eines französischen Kur-
bades bei herrlichem Sonnenschein unter geöffnetem
Dach als tote Frau im Wasser, kam ein Schmetterling in
einem sagenhaften Blau hereingeflattert. Wie der Blitz
war ich aus dem Wasser, saß auf dem Beckenrand,
streckte meinen Arm in die Luft und rief ihn. Er kam sofort, setzte sich auf meinen Zeigefinger und während ich
mich an seinem Blau ergötzte, fiel mir alles wieder ein: So
blau muss ich damals auf einer Wiese in Surrey auch gewesen sein und total verliebt in einen Zitronenfalter, als
ich kurz vor der blau-gelben Vereinigung in einem Netz
gefangen und von einem Mann namens Darwin aufge-
spießt wurde. Jahrzehntelang steckte ich zu Tode ge-
lähmt in einem Präparatekasten neben einem Kohlweiß-
ling, der einen unangenehmen Körpergeruch ver-
strömte. Nachdem ich in Darwins Keller endlich zu Staub
zerfallen war, kam ich als winzig kleine Spinne auf die
Welt, die kurz nach der Geburt von einem mächtigen
Sturm erfasst und vom Planeten geblasen wurde. Völlig
losgelöst schwebte ich im Universum umher, bis mir ein
Asteroid den Weg versperrte und wir kollidierten. Danach wurde ich Licht. An Einzelheiten kann ich mich
nicht entsinnen und weiß im Rückblick nicht, ob eine
Karma-Verteilungsstelle das anordnete, weil ich den As-
teroiden aus seiner Bahn geworfen hatte, oder ob dieser
grünen Tee trinkende Kannen-Heilige seine Finger im
Spiel hatte. Jedenfalls wurde ich Anfang des 20. Jahrhunderts als Bahnhofslaterne in Hückeswagen wiedergebo-

ren. Das waren glorreiche Jahre, ich war weit und breit die einzige Leuchte in der Gegend und restlos glücklich. Leider wurde ich von einem betrunkenen Trecker umgefahren und kam mit ihm zusammen zum Alteisen. Da rosteten wir still vor uns hin und ich wünschte mir nichts sehnlicher, als endlich mal wieder zu brennen. Mein Flehen wurde erhört und ich kurz darauf in einem Hochofen geschmolzen. Nun bin ich wieder da und natürlich werden Sie sich fragen, wie ich so sicher sein kann, dass ich eine Laterne in Hückeswagen war. Ganz einfach, weil jeden Abend pünktlich einer vorbeikam, um mich anzumachen, und ich die ganze Nacht über strahlte. So was vergisst man nicht.

ER Reinkarnation

Reinkarnation oder Seelenwanderung ist eine sehr altehrwürdige Vorstellung, die wir schon in der Frühzeit in verschiedenen Kulturen finden, die alten Ägypter kannten sie, auch die ollen Griechen glaubten daran, sh. Pythagoras und Platon, vor allem aber ist sie Bestandteil der drei großen Religionen des Ostens, Buddhismus, Hinduismus und Jainismus. Juden- und Christentum mochten sie nicht übernehmen, aber im Zeichen der New-Age-Bewegung, die auf Schulen des 19. Jahrhunderts basiert, Anthroposophie, Spiritismus und/oder Esoterik, wächst der Glaube daran wieder, dass die Seele nach dem Tode in einen anderen Körper, gern auch den eines Tieres oder einer Pflanze, schlüpft, je nachdem wie untadelig oder verwerflich wir gelebt haben, und dort eine weitere Runde dreht, bis irgendwann mal Ruhe ist im Karton. Meine Schwierigkeiten mit dieser Theorie sind vor allem mathematischer Natur. Ich weiß nicht, wie das aufgehen soll, wenn jeder Mensch, jede Pflanze und jedes Tier eine Seele haben soll, was ist mit den Seelen, die keinen Wirt finden, oder den Körpern, für die keine Seele da ist, aber Naturwissenschaften waren nie meine Stärke. Hape Kerkeling erwähnt in seinem Megaseller »Ich bin dann mal weg« auch eher beiläufig eine Rückführung, die er unter Hypnose erlebt hat, die ergab, dass er mal als Mönch von den Nazis erschossen wurde. Daraufhin hat sich halb Deutschland zurückführen lassen unter Anleitung der Bildzeitung, die so wochenlang preiswert an Stoff kam. Nun gibt es natürlich Untersuchungen, die recht einleuchtend erklären, wie Leute dazu kommen, scheinbar in Sprachen zu parlieren, die sie im aktuellen Leben nie gelernt haben, was sie dann annehmen lässt, sie hätten schon mal als Iren, Russen oder Pygmäen gelebt. Auch die intime Kenntnis von Lebensumständen lange zurückliegender Epochen verdankt sich bei genauerem Hinsehen oft der Lektüre von Büchern, die man sehr faszinierend fand, dann aber vergaß oder verdrängte. Ob seriös oder nicht, reizvoll ist die Vorstellung, einen Blick auf frühere eigene Existenzen werfen zu können, allemal, letztendlich macht das jeder Autor, der historische Romane schreibt. Mit etwas Disziplin könnte man so jedes Jahr eine neue Autobiografie vorlegen. Ich würde gern in der Steinzeit beginnen, aber da ist mir jemand mit der Figur des Barnie Geröllheimer schon zuvorgekommen. Aber Ritterzeit ist auch schön, da war ich Minnesänger, verliebte mich in eine Dame von Adel, sie sich auch in mich, dann hat sie aber der König zum Weib genommen, ich habe zwei Wochen durchgesoffen, dann beschlossen, auf Hofnarr umzuschulen, habe mich dann an den Hof beworben, die Stelle bekommen, habe dann tagsüber den König zur Sau gemacht, verbal, und nachts die Königin zur Frau, physisch. Als das aufflog, meldete ich mich freiwillig für den ersten Kreuzzug, desertierte aber, kaum dass wir im Morgenland angekommen waren, heiratete eine schwerreiche und leicht übergewichtige Bauchtänzerin, eröffnete ein Restaurant und erfand den drehbaren

Dönerspieß, der von dort aus seinen Siegeszug um die ganze Welt antrat, das war ich. Wenn Spielberg je dieses Buch in die Finger kriegt, ist der Film schon so gut wie wochenlang Platz 1 der Kinocharts.

Diese Passage habe ich in einem Rutsch runtergeschrieben, was mich natürlich stark erschöpft hat, klar, jeder schöpferische Akt von solchen Gnaden fordert seinen Tribut vom Körper. Ich hob das Weinglas also an die Lippen, ließ dabei den Blick versonnen durchs Zimmer schweifen und er blieb an meinem Hibiskus hängen, der jetzt schon drei Jahre nicht mehr geblüht hat. Und ich dachte: Was für eine arme Seele mag wohl in dem stecken? Vielleicht hat sie als Sklave im alten Rom angefangen, 100 vor Christus, ein interessantes Jahr, Cäsar wird ermordet, Turkestan fällt an China, die Germanen verdrängen die Kelten aus Mitteleuropa, Aristeides schreibt die Milesischen Liebesgeschichten, die die spätere Literatur sehr beeinflussen werden, Apollonius aus Athen schafft den Ruhenden Faustkämpfer, eine Plastik aus der neuattisch-klassischen Schule, es gibt zahlreiche staatliche und private Bordelle in Rom, in eines davon wird unser Sklave auch verkauft, weil er so faul ist, aber an seiner neuen Wirkungsstätte tut er auch nicht mehr, wird immer wieder weiterverkauft und stirbt schließlich an Unterernährung, weil er sogar zu faul zum Essen ist. Die Seele siedelt über in ein Faultier in Brasilien, im tropischen Regenwald, das so faul ist, dass es nicht mal am Baum hängen, sondern nur am Boden liegen will, was die Sippe erst verblüfft, dann aber erheitert, besonders, als es von einem dreibeinigen Jaguar gefressen wird, weil Faultiere am Boden für 200 Meter etwa eine Stunde brauchen, das ist für eine schnelle Flucht sehr, sehr wenig.

Nun saß der Körpervergaberat wieder zusammen und überlegte: Wo sollen wir mit dieser extrem faulen Seele hin, die ja auf gar nichts Bock hat, was nach Action riecht? Und dann kamen sie auf meinen Hibiskus. Ich glaube, diese Seele schafft es nie ins Nirwana. Die ist einfach zu faul. Oder der Körpervergaberat kapituliert, das kann auch sein.

Aber zurück zu mir: Ich war auf jeden Fall Karl May, habe selbstverständlich alle die Reisen gemacht, die er ja erst gemacht hat, nachdem er sie beschrieben hat, und ich habe auch sonst einige Schnitzer vermieden, die Old Shatterhand begangen hat: Ich habe selbstverständlich Ntscho-tschi geheiratet, die sich bekanntlich in mich verliebt hatte, und habe sicherheitshalber Santer erschossen, bevor er meiner Frau etwas zuleide tun konnte. Habe ich erwähnt, dass zum fraglichen Zeitpunkt zufällig Julia Roberts Seele in Ntscho-tschi residierte? Mit meinem roten Bruder bzw. Schwager Winnetou habe ich natürlich jede Menge lustige Sachen erlebt, zum Beispiel meine Namensgebung: Old Shatterhand hat mich ja Sam Hawkins genannt, wegen meines rechten Hakens an die Schläfe, der jeden Gegner fällte, unter anderem Wladimir Klitschko, der zu der Zeit auch in der Gegend war. Was Karl May nicht wusste, war, dass das Adjektiv Old keineswegs eine Bezeichnung für einen erfahrenen Trapper war, sondern völlig ungebräuchlich. Aber die Apatschen haben mir natürlich auch einen Namen gegeben und zwar auf die übliche Tour, wie auch »Der mit dem Wolf tanzt« entstanden ist, sie nennen einen Fremden nach der Situation, in der sie ihn zum ersten Mal sehen. Und so hieß ich: »Der sich den Popo mit Blättern putzt«.

Meine Lieblingsstory mit meinem roten Schwager Winnetou (Karl Dall) ist aber eine andere: Wir sitzen im Wald am Lagerfeuer, nachts, plötzlich knackt 's im Gebüsch. Lautlos bedeutet mir mein Schwager Winnetou, dass er die Sache regeln wird. Er schleicht katzengleich ins Dunkel, kurz darauf ein dumpfer Schlag und ein erstickter Schrei. Winnetou kommt zurück und lässt sich wortlos nieder. An seiner Stirn schwillt eine Beule. Wenig später knackt es wieder im Gebüsch. Ich will mich erheben, aber wiederum bedeutet mir der Häuptling der Apatschen (Karl Dall, sagte ich das schon?), ihm den Vortritt zu lassen. Er geht, ein Schlag, ein Schrei, er kommt zurück und setzt sich wortlos hin, auf seiner Stirn schwillt eine zweite Beule. Nach einigen Minuten frage ich leise: »Hat mein roter Schwager auch den zweiten Feind unschädlich gemacht?« »Nein, Winnetou ist zum zweiten Mal auf den Rechen getreten.«

SIE Pflanzen

Pflanzen und Frauen verstehen sich, sie sind Seelenverwandte allerersten Grades. Sie verbindet eine ursprüngliche Freude an Wachstum, an Samen, Keim- und Schösslingen, Knospen, Blüten, Früchten und jungen Trieben. Ihre Welt ist zart, bunt und wild, voller Schönheit und Intelligenz, sie spenden Nahrung, Energie, Medizin, Liebe und Schutz und sie haben in vielen wichtigen Dingen des Lebens ähnliche Strategien. Mit Düften, Farben und Formen betören sie andere Lebewesen und bringen sie dazu, bei der Vermehrung behilflich zu sein. Beide gründen Lebensgemeinschaften, die wir in der Flora Symbiosen und bei uns Ehe nennen. Männer und Pflanzen? Dazu fällt mir auf Anhieb nur die 'Schwarze Rose' ein, eine Herrenhemdmarke aus den 60er-Jahren, der Rosenkavalier von Richard Strauss und Tangotänzer, die mit einer Rose zwischen den Zähnen überschäumende Leidenschaft vortäuschen. Aber außer ständig ans Fortpflanzen zu denken, haben Männer mit Pflanzen sonst wenig zu tun. Sie beschäftigen sich mit ihnen nur, wenn etwas Hochprozentiges dabei herauskommt. An ihren beruflichen und privaten Wirkungsstätten findet sich kaum Grünes, und falls doch, ist es meist in einem erbarmungswürdigen Zustand. Selbst Jesus ließ bei seinem Einzug in Jerusalem absichtlich einen Feigenbaum verdorren, der ihm gar nichts getan hatte, nur weil er gerade keine Früchte trug (Matthäus 21, 18 – 22). Nun sind verlässliche Fürsorge und Geduld nicht gerade männliche Stärken. Ist wohl nicht spektakulär genug und man kann damit nicht angeben. Der Satz: »Boh, heute hab ich vierzig Liegestütze geschafft, einarmig, auf den Fingerspitzen«, passt. Der Satz: »Boh, hab ich heute meinen Ficus gegossen«, nicht. Sie halten die These, dass Wachstumsprozesse allein durch die Kraft liebevoller Zuwendung gefördert werden, natürlich für Esoterikerinnengesülze. Das erstaunt umso mehr, als sie diesen Vorgang doch jederzeit in intimen Stunden am eigenen Körper bzw. Geschlecht nachvollziehen können.

Weil aber der ›lästige‹ Bewuchs auf der Erdoberfläche nun mal da ist, erfand der Mann Maschinen, um ihn zu bearbeiten. Der Gerätepark, den sie für einen Rasenschnitt benötigen, ist oft größer als die Rasenfläche selbst. Männer operieren an der offenen Grasnarbe mit elektrischen Sichel-, Spindel- und Luftkissen-Rasenmähern, die zusätzlich mit integrierten Moosrupfern ausgestattet sein müssen. Überschreitet die zu bearbeitende Fläche die Größe des Gartentisches, liebäugeln sie schon mit Rasenmähertraktoren, weil sie da aufsitzen können. Kommt noch ein wenig Gartenarbeit mit Hecken, Obstbäumen und Blumenbeeten hinzu, geht ohne elektrische Motorhacke mit mindestens 10 cm Hacktiefe und schwenkbarem Führungsrad, Motorsäge und dazu passendem Sägekettenschärfgerät, Holzspalter mit mindestens 20 Tonnen Arbeitsdruck, Tisch-Wippkreissäge, Elektro-Vertikutierer, 1000 Watt stark mit Totmannschaltung, Häcksler mit Schneid- und Quetschtechnik und ohne elektrische Heckenschere mit mindestens 60er Schwertlänge gar nichts. Das alles geht nicht ganz ohne Geräusche vonstatten. Der bevorzugte Zeitpunkt dafür ist natürlich ausgerechnet der Samstag, an dem die Gleichgesinnten aus der Nachbarschaft zufällig mal Ruhe geben, weil sie im Baumarkt nach Hochdruckreinigern, Laubbläsern, Feuerschwertern und 2-Takt-Motor-Giftspritzgeräten mit 4-fach-Dosierung suchen, die dann garantiert am folgenden Wochenende zum Einsatz kommen. Die Suche und Auswahl, Reparatur und Pflege all dieser Maschinen beansprucht mehr Zeit als die eigentliche Gartenarbeit selbst. Die erledigen dann doch die Frauen ›wie nebenbei‹, wenn sie mit ihrer Gießkanne und Nagelschere durch den Garten gehen. Dabei kommen ihnen unweigerlich Gedanken wie: Pflanzen sind einfach die besseren Männer; sie haben Gefühle, hören gerne Musik und verfügen über ein Gedächtnis. Bei Pflanzen steigen die Erregungskurven schon an, wenn man nur an sie denkt, und sei es aus dem 800 km entfernten Urlaubsort. Probieren Sie das mal mit Ihrem Mann, selbst wenn er direkt neben Ihnen liegt. Sie machen nicht so viel Arbeit und blühen schöner. Sie kommen auch nachts nicht volltrunken nach Hause, angeblich von einer Tagung, womöglich mit dem Thema ›Bioenergie und nachwachsende Rohstoffe‹. Das Alleraller allzuschlimmste sind jedoch Ehemänner, deren Opa Gärtner war und die ihre verblassten Kindheitserinnerungen an den grünen Daumen des Urahns urplötzlich in die Ehe einbringen und z. B. keck behaupten, dass die Zimmerpflanzen, die seit Jahren friedlich zusammen auf ihrem Fensterbrett blühen und gedeihen, sich eigentlich nicht mögen. Wenn Jesus diese Männer hätte verdorren lassen, hätte ich das verstanden und sogar ›Zugabe‹ geschrien.

ER Pflanzen

Kaum etwas verdeutlicht den Unterschied zwischen Mann und Weib so klar wie das Verhältnis zu oder besser der Umgang mit Pflanzen. Frauen sprechen mit Pflanzen, Männer nicht, außer Floristen vielleicht und angeblich Prinz Charles. Der hat ja ohnehin recht originelle Kommunikationsstrategien, ohne dass ich jetzt diese Tampongeschichte noch einmal aufwärmen möchte. Aber vielleicht raunt er seinem Lieblingsgummibaum zu: »Na, du süße Sau, heute mach ich dich wieder mal so richtig feucht, wie wir beide es mögen?«

Man weiß es nicht, aber es führt uns mitten ins Thema. Der Gummibaum war die Büropflanze der Sechziger- und Siebzigerjahre, wurde dann vom Ficus Benjamini verdrängt, der seinerseits im Moment den Baumarktorchideen für vier bis sieben Euro weichen muss. Ich glaube nicht, dass Flora, die römische Göttin der Schönheit und Jugend, nach der die Pflanzenwelt in toto benannt ist, Freudenpurzelbäume schlagen würde, weil auch Gummibaum und Ficus in ihr beheimatet sind. Was wird jemand antworten, den man fragt: Warum hast du diesen Gummibaum im Zimmer stehen? Vielleicht: Weil er so schön ist? Nein, eher: Weiß nicht, keine Ahnung, können wir jetzt zur Sache kommen? In Wirklichkeit steht er da, weil er schon immer da stand, weil der Vorgänger ihn vergessen hat oder der Anstreicher ihn nach getaner Arbeit dort entsorgt hat. Kein Schwein würde ihn vermissen, außer der Putzfrau, die sich jetzt etwas anderes suchen muss, wo sie eine Viertelstunde Zeit schinden kann, dasselbe gilt selbstverständlich für den Putzmann, wobei der beim Blätterentstauben wie bereits erwähnt nicht mit dem Gummibaum spricht, normalerweise.

Selbstverständlich sind Pflanzen auch für Männer interessant, ja nützlich, und damit meine ich nicht nur die essbaren Pflanzen, darüber müssen wir wirklich nicht reden, aber denken wir an die Grundausbildung, Geländedienst, das beliebte Tarnen, wo man sich das Gesicht mit einem angekokelten Korken beschmierte, Zweige an den Helm steckte und für Stunden mit der Flora des sauerländischen Forstes verschmolz, oder wohin auch immer es einen verschlagen hatte, der vor der Prüfungskommission für Wehrdienstverweigerer nicht begründen konnte, warum er jemanden nicht mit Waffengewalt daran hindern wollte, Weib und Kind zu schänden. Das Thema Tarnen behandelt ja auch folgender in allen Armeen der Welt bekannte Witzklassiker: Aus der Phalanx als Tannenbäume getarnter Rekruten bricht einer aus und rennt heulend Richtung Kaserne. Als Grund gibt er später an, ein Eichhörnchen habe sich an seinen Preziosen zu schaffen gemacht mit den Worten: Oh, wie schön, den Zapfen fress ich gleich und die beiden Nüsslein vergrabe ich für den Winter.

Beim Überlebenstraining, was in Managerkreisen ja sehr en vogue ist, dienen Äste, Zweige, Blätter uns als Nachtlager, Regendach und zum Feuermachen. Wir rubbeln einen Holzstab, der auf einem Brettchen steht, das mit pulvertrockenen Gräslein oder Spänen aus dem Inneren toter Bäume bedeckt ist, so lange zwischen unseren Händen, bis wir wissen, dass der Herrgott sich durchaus etwas dabei gedacht hat, als er unsere Handinnenflächen mit Haut überzog.

Der Ro-Mann-tiker von Welt denkt natürlich sofort an rote Rosen, mit denen er beim ersten Date wie weiland Hänsel und Gretel den Heimweg mit Brotkrumen den Weg vom Wohn- zum Schlafzimmer markiert.

Für den Komiker hingegen sind am ergiebigsten übelriechende Gewächse. Unser Vaterland hält da z. B. die Stinkmorchel mit ihrem Aasgeruch bereit, lateinisch – und das ist wirklich interessant – Phallus impudicus, zu Deutsch: unzüchtiger Penis. Das gebiert doch gleich ein ganzes Füllhorn voller köstlicher Kopfkinoszenen. Sie sind beim Papst, der bekanntlich fließend Latein spricht, zum Kaffee eingeladen, bringen eine in Papier eingeschlagene Stinkmorchel als kleine Aufmerksamkeit mit und sagen: Heiliger Vater, wenn Sie meinen Phallus impudicus auspacken, riecht es ein bisschen streng, aber keine Bange, das muss so!

Wenn man früher missliebigen Nachbarn die Freude am Eigenheim vergällen wollte, schob man einen Matjeshering oder einen Harzer Käse in die Falten der Sitzgruppe. Effektiver noch ist eine Scheibe der berüchtigten Durianfrucht, deren Transport in öffentlichen Verkehrsmitteln in Indonesien sogar mithilfe eines eigenen Verkehrsschildes untersagt ist. Köstlich von Geschmack, aber olfaktorisch Grauen pur, vielleicht reichen noch die schwedischen Konservendosen mit verfaulten Fischchen heran, aber das sprengt unser Thema

Als ich ein Knäblein war, zeigte mir mein Opa, wie man aus einem Weidenzweig eine Flöte herstellen kann. War das ein Glücksgefühl, als meiner selbst gebastelten Tröte der erste Ton entfuhr! Damit wird man die heutige Jugend schwerlich hinter dem PC hervorlocken können, der ja bei Bedarf ein Musikprogramm enthält, mit dem man jedes Instrument der Welt erzeugen kann. Aber eine Karnivore, eine fleischfressende Pflanze also, wäre vielleicht genau das Richtige für den phlegmatischen Adoleszenten, dessen verkümmerter Hegetrieb gerade noch dazu reicht, seiner Venusfliegenfalle im Topf eine selbst erschlagene Stubenfliege zuzuschustern, der jedoch bei Pflichten wie Käfigsaubermachen, Trinkwasserauffüllen oder gar Gassigehen schlagartig dicht macht.

Als passionierter Klugscheißer weiß ich natürlich, dass Pflanzen riechen, fühlen, schmecken können und überhaupt ganz raffinierte Luder sind. So checkt z. B. die Baumwollpflanze am Speichel der Eulenraupe, dass die an ihren Blättern frisst. Was macht sie? Anders als die Tabakpflanze, die bei Schädlingsbefall eine gepfefferte Ladung des Nervengifts Nikotin in ihre Blätter schickt, bildet sie Terpene, Duftstoffe, die Brackwespenweibchen anlocken, die ihre Eier in den Raupen ablegen. Wenn dann die Larven schlüpfen, töten sie ihren Wirt, also die Eulenraupen. Ich bin ja von Hause aus nicht nachtragend, aber als ich das las, wurde ich neidisch. Eher rührend finde ich dagegen die Meldung, dass verletzte Tomatenpflanzen den Duftstoff Methyljasmonat absondern, um ihre Nachbarn vor drohender Gefahr zu warnen. Da stellt sich doch die Frage: Was machen die Nachbarn dann, nehmen die ihren Topf untern Arm und gehen stiften? Aber ich wollte ja hier kein Pflanzenbashing betreiben, sondern von Mann zu Mann Wege weisen, wie der metrosexuelle Aufreißer bei einem flora-affinen Opfer punkten kann. Wenn Sie sich so gar nicht für Pflanzen, sehr wohl hingegen für Musik interessieren, merken Sie sich einfach nur, dass Stangenbohnen exzessiv wachsen, wenn man ihnen Bachs Brandenburgische Konzerte vorspielt. Das erzählen Sie beiläufig und schon sind Sie in heimischem Gewässer und können fortfahren mit: Wissen Sie eigentlich, warum der Gambenpart in einigen Sätzen der Brandenburgischen Konzerte so einfach ist? Damit der Kurfürst, der das Werk in Auftrag gegeben hatte, mitspielen konnte. Wenn Sie beim Österreicher sitzen und es kommt das berühmte Wiener Schnitzel mit Kartoffel-Gurken-Salat, passt gut: In der Karibik hatte ich einmal eine Seegurke in der Hand, das hat etwas Obszönes und wenn man draufdrückt, spritzt Wasser raus. Wussten Sie eigentlich, dass die Seegurke ein Tier ist, sie gehört wie der Seestern zu den Stachelhäutern und eine bestimmte Art namens Trepang wird getrocknet und man macht eine köstliche Mitternachtssuppe daraus, das habe ich übrigens zu Hause. Die in diesem Kartoffelsalat verwendete Gurke hingegen ist eine Beere. Sie gehört zur Familie der Cucurbitaceae, wie übrigens auch Kürbis und Melone, auch beides Beeren, ja ja, wohingegen die Erdbeere, an die mich Ihr Mund so erinnert, zu den Sammelnussfrüchten zählt, die aus vielen Nüssen besteht, die zu mehreren auf einer fleischigen Blütenachse liegen. Ich selbst habe es so noch nicht probiert, wünsche Ihnen aber viel Glück und Erfolg. Schreiben Sie mir, wenn es geklappt hat.

Sie Krankheit

Bei den Naturvölkern sehen wir Merkwürdiges im Umgang mit Krankheiten. Der leider Leidende wird zuallererst wenig ernst genommen. Wenn jedoch die in der Grundstimmung fröhliche Dorfgemeinschaft den Kranken absolut nicht mehr zum Lachen bringen kann, bekommt er dort, wo noch nie ein Warnhinweis auf Ärzte oder Apotheker je hingekommen ist, von einem Medizinmann oder einer Medizinfrau, abgestimmt auf die Schwere der Verstimmung, eine gehörige Abreibung mit Kräutern. Er muss in den Schwitzkasten, bekommt bewährte Pilze und andere Rauschmittel verabreicht, natürlich frisch aus der Region, und manchmal auch ein gerüttelt Maß an Ohrfeigen in Begleitung von Liedchen, die es in sich haben. Dazu wird getanzt, getrommelt und man bringt Knöchelchen und andere magische Kleinode zum Schwingen. Eventuell dreht man noch zusätzlich dem einen oder anderen Federvieh den Hals um, um böse Geister in gute zu verwandeln. Insgesamt ein völlig undurchsichtiges Gesundheitssystem. Genau wie bei uns.
Gehst du hierzulande zum Doktor, musst du – wie im Kino – erst mal zehn Euro Eintrittsgeld bezahlen. Dann kommt der Schwitzkasten, auch Wartezimmer genannt, und darin schmorst du so lange, bis der Arzt kommt. Nachdem du von deinen Zipperlein berichtet hast, macht der sich auf die Suche nach Ursachen oder Erregern der aktuellen Unpässlichkeit. Eine bundesgesundheitliche Krankenanalyse – kurz BKA – wird gemacht. Der

Verdächtige wird untersucht, abgehört, durchleuchtet oder gar gescannt. Schließlich stellt der Mann in Weiß seine Diagnose, d. h., deine Malaise erhält einen Namen und zum Höhepunkt der – im Gegensatz zur Wartezeit – überraschend kurzen Veranstaltung bekommst du einen Schein, der dir offiziell bestätigt, dass du tatsächlich krank bist. Als Beigabe erhältst du ein Rezept für eine chemische Keule, die das ganze Elend wieder richten soll und gegen eine nochmalige Gebühr in der Apotheke an der Ecke abgeholt werden kann. Und das war's auch schon.

Wenn wir mal davon ausgehen, dass Georg Groddeck, der Begründer der psychosomatischen Medizin, recht hat mit seiner Behauptung, dass jede Krankheit Ausdruck der Seele des Patienten ist, würde ich im Bedarfsfall lieber in den Busch reisen. Da scheint mir für die Seele mehr drin zu sein. Wer hat denn nicht schon einmal ermattet danniederliegend die Erfahrung gemacht, wie äußerst wohltuend es ist, wenn die Angehörigen beim Umsorgen und Verpflegen plötzlich den Turbo einlegen und dazu ein zünftiges TamTam veranstalten? Das holt jeden inneren Heiler aus seinem Versteck. Sobald die eigenen wundervollen Selbstheilungskräfte aktiviert sind, geht es der Krankheit automatisch an den Kragen, und den 132 Krankenkassen müsste es eigentlich wurscht sein, ob die eigenen Abwehrkräfte durch Tabletten, Akupunkturnadeln, Homöopathie, Handauflegen, Clowns oder liebevolle Verwandte wachgerüttelt werden. Nachgewiesen sind beachtliche Heilerfolge aufgrund von Placebos, also Pillen, die keinerlei Arznei enthalten. Da wird der Verbraucher doch stutzig, schließlich kosten ärztliche Behandlungen einen Haufen Geld. Scheinoperationen am Knie sind ebenfalls mit fantastischen Ergebnissen durchgeführt worden. Sogar Beten soll erstaunlich rasch helfen, auch wenn man es gar nicht selber tut. Einer amerikanischen Studie zufolge, bei der predigende Profi-Gläubige täglich für eine Gruppe von Herz-Kreislauf-Patienten gebetet haben, sind diese Patienten tatsächlich schneller gesund geworden als die Kontrollgruppe, für die niemand ein gutes Wort eingelegt hat. Für unsere an Schäfchenschwund leidenden Pastoren und Priester tun sich hier völlig neue Betätigungsfelder auf. Offensichtlich versetzen Liebe und Glaube nicht nur Berge. Mein Hausarzt erzählte mir, dass zu ihm Leute in die Praxis kommen, die fest daran glauben, an Stickhusten oder Brüllhusten oder Stürzmagen zu leiden, also an Krankheiten, die es gar nicht gibt. Die sind ihm als Patienten aber immer noch lieber als die, die ihre Diagnose mithilfe des Internets selbst zusammengebastelt haben. Neulich konsultierte ihn ein Mann mit sechs ausgedruckten DIN-A4-Seiten unterm Arm und behauptete, er hätte sämtliche darin beschriebenen Symptome. Als er höflich nachfragte, wie lange schon?, gab der Mann an, seit drei Wochen. »Dann können Sie diese Krankheit nicht haben«, klärte er ihn auf, »denn die führt nach spätestens 24 Stunden zum sicheren Tod.« Seitdem geht dieser Hypochonder zur Lachtherapie, die ja bekanntlich das Immunsystem bärenstark macht. So wie meinen Koautor, der ist auch so ein Krankheitsspezialist. Es gibt absolut nichts, was der nicht schon einmal hatte. Bei Symptom-Analysen glänzt Jürgen mit profundem Spezialwissen, er kennt alle unaussprechlichen Fachausdrücke und ist ansatzlos bereit, die schlimmsten Ausformungen einer Krankheit in schillerndsten Farben zu schildern. Wenn ich das höre, bekomme ich fast eine Krankheitsallergie, und eine von ihm moderierte Hypochonder-Talkshow im Fernsehen würde mich todsicher auf ewig fit halten. Vielleicht könnte so auch die Kostenexplosion unseres Gesundheitswesens entschärft werden. Die soll ja hauptsächlich durch Übergewicht verursacht sein. Anscheinend verzichtet ein Großteil der Bevölkerung nur ungern auf ungesunde Ernährung, Alkohol und Pillen, dafür aber umso mehr auf Bewegung. Statt mal übers Wochenende mit dem Fahrrad nach Südfrankreich zu fahren, liegt die männliche Masse biergestützt zufrieden auf dem Sofa und glotzt Tour de France oder Bundesliga, während die weiblichen Pendants in Hängematten baumeln und genüsslich Schokoladeneiscremetörtchen verkosten, ohne auch nur im entferntesten an die Aerodynamik und Leistungsfähigkeit ihrer Karosserie, geschweige denn an ihren nächsten TÜV-Termin zu denken. 400-prozentige Gesundheitsexperten lassen uns wissen, dass wir uns so absolut falsch wohlfühlen und mit dieser Lebensweise riskieren, eines Tages krank zu werden. »Aber was riskiere ich nicht ständig?«, fragen sich die meisten. »Job, Ehe, Leben, Führerschein, da macht die Gesundheit den Braten auch nicht fetter.« Diesen Anhängern der Bequemlichkeitssekte könnte das Problem vielleicht verständlicher werden, wenn Heidi Klum und Ulla Schmidt die Rollen tauschen würden. Heidi bringt der rundlichen Polit-Elite im Bundestag bei, wie man die Speckröllchen im Zaum hält, während Ulla mal die italienische Haute Couture über den bundesrepublikanischen Laufsteg chauffiert. Übertragen als Mini-daily-Soap in der Tagesschau wird das sicher ein Renner. Vielleicht geraten dann diejenigen, für die das Thema Gesundheit mit dem Kauf einer schicken Jogginghose erschöpfend behandelt ist, ja doch ins Grübeln, wenn sie sich darüber klar werden, dass unsere Gesundheitsreform ihre möglichen Krankheitskosten so wenig abdeckt wie ein 36er Gucci-Bikini die Ulla. Besser, Sie bleiben möglichst lange beim Lachen, dann kann der Arzt in Ruhe auf Sie warten.

ER Krankheit

Männer sind nicht einfach krank, wir sind die krankesten Wesen, an denen je heilende Hände herumfuhrwerkten.

Und selbst wenn sich herausstellt, dass uns nichts fehlt, wird der Arzt, wenn er denn ein Mann und sich dessen auch bewusst ist, sagen: Einen Gesunden mit derartig echten Krankheitssymptomen habe ich noch nie gesehen. Ich kann bei diesem Thema aus einem recht reichen Erfahrungsschatz schöpfen, vermutlich einem der reichsten überhaupt, und darf mich auch einiger Bestleistungen rühmen. So kam ich z. B. bereits mit je einem doppelten Hoden- und Leistenbruch auf die Welt, von denen dann später nur noch der linksseitige Leistenbruch operiert werden musste. Das heißt, 75 Prozent meiner Brüche habe ich aus eigener Kraft geheilt. Nach meiner Hämorrhoidenoperation bescheinigte mir der Arzt, das seien aber »wirklich ein paar Klopper gewesen«, wie er sich ausdrückte, nach meiner Mandeloperation erklärte der Kollege gar, das seien die größten Mandeln gewesen, die er je gesehen habe. Allerdings war der Mann Japaner, die kennen ja nur Kleinkaliber. Ein gebildeter Kranker wie ich weiß natürlich am besten, was ihm fehlt, das meiste hat man ja schon mehrfach gehabt, das verschafft einem gegenüber dem Arzt einen deutlichen Informationsvorsprung, was Diagnostik und Medikation angeht, was der Weißkittel natürlich nie zugeben würde, das ist mit seinem Standesdünkel nicht vereinbar. Standardantwort, wenn Sie dem Arzt gerade erklärt haben, was geschossen wird, ist meist: Ja ja, das, was Sie da sagen, ist eine oft gehörte Laienmeinung. Für einen jungen leidenden Menschen ist ein blindes Urvertrauen dem Arzt gegenüber durchaus hilfreich. Das Gefühl: Ich bin in kompetenten Händen, jetzt wird alles gut, mag dem Heilungsprozess durchaus förderlich sein, eine Art personalisierter Placeboeffekt, wenn man aber einige Male an einen Kurpfuscher geraten ist, sieht die Welt natürlich anders aus. Man bildet sich weiter, um beim nächsten Mal den Anfängen wehren zu können, aber das ist natürlich ein langer, dorniger Leidensweg, den man als Patient dann geht, immer hin und her geworfen zwischen Misstrauen und Hoffnung. Wobei im Übrigen auch Gespräche mit Mitpatienten in Warte- oder Krankenhauszimmern nicht von dem Wunsch getragen sind, einander Stab und Stütze zu sein, sondern meist auf einen ›Pissing contest‹ hinauslaufen, wie die Amerikaner das nennen. »Jetzt probieren die schon das dritte Antibiotikum an mir aus und die Entzündung geht und geht nicht zurück.« »Mir brauchen Sie nichts zu erzählen, ich hab mal drei Monate mit der Lunge gelegen, bis die das in den Griff gekriegt haben.« Und wenn der Gesprächspartner selbst keine einschlägigen Erfahrungen vorzuweisen hat, dann sicher ein naher Verwandter: »Ich will Sie nicht beunruhigen, aber mein Vetter ist letztendlich an der Sache gestorben.«

Einer Pressemeldung entnahm ich unlängst, dass pro Jahr 17.000 Patienten an vermeidbaren Fehlern bei Krankenhausbehandlungen sterben, die Dunkelziffer war vorsichtshalber gar nicht erst erwähnt. Es war dann in dem Artikel auch von Schoten die Rede, die täglich im OP passieren, z. B., dass Operationsmarkierungen auf Thrombosestrümpfe gemalt würden, die dann vor der OP ausgezogen würden. Und ein Tipp wurde noch gegeben: Chirurgen sollten sich vor dem Eingriff unbedingt die Zeit nehmen, sich zu fragen: Richtiger Patient, richtige Seite, richtige OP?

Ich ertappe mich häufig dabei, wie ich im kleinen Kreise von Dingen erzähle, die mir Ärzte angetan haben, das ist nicht untypisch für Menschen, die keinen Krieg mehr erlebt haben. Ein Kölner Zahnarzt, dessen Namen und Adresse ich gnädig verschweige, überredete mich dazu, mir bei neun Zähnen auf einmal die alten Amalgamfüllungen, die angeblich so schädlich waren, was, wie sich später herausstellte, in einem Bereich liegt, der statistisch nicht erfassbar ist, durch die just in Mode gekommenen Keramikinlays zu ersetzen. Leider beherrschte er diese neue Technik nicht, sodass alle neun innerhalb von sechs Wochen zerbrachen, zudem entzündete sich ein Zahn dergestalt, dass man ihn ziehen musste, obwohl er sich nicht mehr betäuben ließ. Dabei lernte ich, wie man eine Jeans an den Beinen durchschwitzt. Überflüssig zu erwähnen, dass es dem Dentisten trotz bester Absicht nicht gelang, den Zahn vollständig zu extrahieren, was ein Kollege wenig später bemerkte und behob. Vergleichsweise unspektakulär verlief meine erste Darmspiegelung, man teilte mir anschließend mit, alles wunderbar, das, wonach man suchte, nämlich die Quelle meiner Magenblutung, habe man nicht gefunden, dafür aber Polypen, die man bei einer möglichst bald anzusetzenden weiteren Darmspiegelung entfernen müsse, um sie auf Krebs zu untersuchen. Jeder von Ihnen fragt sich jetzt, was ich mich und den Professor auch fragte, warum er die Dinger nicht gleich entfernt habe? Nun, wurde mir beschieden, da hätte ich vorher eine Einverständniserklärung unterschreiben müssen. Überflüssig zu erwähnen, dass man mir die vorher nicht gezeigt hatte, ich hätte sie womöglich unterschrieben und der wackere Medizinmann nur eine Untersuchung abrechnen können. Dass Ärzte nur an Geld denken, stimmt sicher so nicht, aber ein Chirurg entfernte mir mal ein Aterom, vulgo Grützbeutel, aus der Brust, ohne einmal hinzusehen, denn er erörterte währenddessen angeregt mit einem Kollegen die himmelschreiend schlechte Bezahlung dieser Maßnahme, er nähte übrigens die Wunde auch blind, was seine Wirkungsstätte anschließend aussehen ließ, als wäre ich Opfer einer Axtattacke geworden. Bliebe noch zu erwähnen, dass er bei der Entfernung der Fäden die Hälfte übersah, die sich postwendend entzündeten und von einem Kollegen semioperativ entfernt werden mussten, der mir dann auch noch einmal versicherte, eine solche Naht habe er noch nie gesehen. Ich bin der ärztlichen Kunst gegenüber keinesfalls negativ eingestellt, im Gegenteil, probiere auch gern alles aus, wie zum Beispiel Akupunktur gegen meine Birkenpollenallergie. Gut, sie hat nicht geholfen, tut dafür aber an zwei Stellen ziemlich weh, aber was mir erspart blieb, las ich kürzlich im Spiegel, ich zitiere: »Vor dem Stich in die Tiefe ist kein lebenswichtiges Organ geschützt. Ganze oder abgebrochene Akupunkturnadeln wurden schon im Rückenmark und im Kleinhirn, im Nierenbecken oder in der Blasenwand von Patienten gefunden. Am häufigsten erwischt es jedoch die Lunge: Wer denkt schon daran, dass die Brustkorbwand nur 1,7 cm dick ist und man in null Komma nichts die Lunge nadelt, warnte kürzlich das Ärzteblatt ›Medical Tribune‹.

Ich will fair bleiben, die Chancen, dass ärztliche Kunst bei Krankheit zu Linderung oder gar Heilung führt, stehen weit besser, als die auf einen Sechser im Lotto, liegen mindestens bei 50 Prozent, sie müssen nicht an einen Arzt geraten, wie den, der einst im Mai bei mir eine leichte Halsentzündung diagnostizierte, »nicht der Rede wert«, die sich dann als Abszess entpuppte, und zwar – das wird Sie jetzt nicht überraschen – ein Riesenteil laut Aussage des Notfallchirurgen, der ihn aufschnitt und mir den guten Rat mit auf den Weg ins Zimmer gab, besser die Nacht auf dem Bauch liegend zu verbringen, wegen etwaiger Nachblutungen.

Trotzdem kann es nicht schaden, sich als Patient eine gewisse Zockermentalität zuzulegen, was dem Ganzen a) etwas Spielerisches verleiht, b) unter Umständen aber auch zur Heilung führen kann, wenn man nämlich beschließt, eine Behandlung abzubrechen und zur Tagesordnung überzugehen in der Hoffnung, die Dinge werden sich dann von selbst einrenken. So wurde mir einst, als ich morgens den linken Arm nicht mehr heben konnte, ein Kapselsyndrom bescheinigt, eine Spritze gesetzt, die den Schmerz weitgehend beseitigte, jeder Kraftsport verboten, dafür auf unbestimmte Zeit Krankengymnastik verordnet. Nach einem halben Jahr und drei verschiedenen Fachkräften, von denen jede die Methode der Vorgängerin für kompletten Humbug erklärt hatte, konnte ich nicht einmal mehr schmerzfrei an einer Reckstange hängen. Ich erklärte die Behandlung für beendet und nahm mein sanftes Krafttraining wieder auf, nach einem Monat war alles bestens.

Ein abschließendes Wort vielleicht noch zum Mann als ans Bett gefesselter Patient. Er gilt, vor allem nach Frauenmeinung, als schwierig. Das kommt nicht daher, dass er unter der Krankheit leidet, den Schmerzen, dem Fieber und allem anderen, er leidet in erster Linie unter dem Verlust seiner Leistungsfähigkeit. Während ich hier liege, von einem blinden, erbarmungslosen Geschick aufs Lager gestreckt, rückt irgendein armer Idiot, der zufällig und unverdient gesund ist, einige Plätze auf der Hackordnung vor, ohne dass ich das verhindern kann. Diese Vorstellung und nur sie ist es, die den kranken Mann wirklich leiden lässt. Dieses gilt im Übrigen nur für leichte Erkrankungen wie Grippe oder eine Erkältung. Ein schwer kranker Mann geht seiner Arbeit nach, als ob nichts wäre. Wie viele Shows habe ich schon nahezu komatös bestritten und die Zuschauer wussten es nur, weil ich ihnen vorab ein kurzes, aber umfassendes Bulletin lieferte, und das gilt für jeden Histrioniker, wie die Psychologie uns verrückte Zirkuspferde nennt. Wir lassen uns nur vom Tod daran hindern, eine Show zu machen. Im Alter von vier Jahren kam ich mit Diphtherie ins Krankenhaus und las den anderen Kindern aus dem Struwwelpeter vor. Ich kannte ihn auswendig, weil meine Mutter mir jeden Abend daraus vorlas. Ich tat nur so, als ob ich lesen könnte, a) weil ich unbedingt lesen können wollte, b) weil es eine gute Show für einen Vierjährigen war. Die anderen Kinder haben lange nichts gemerkt, bis einem auffiel, dass ich das Buch mal aus Versehen verkehrt herum hielt. Ein Kunstfehler, wie der Arzt sagen würde.

Sie Freunde

Freunde zu haben ist gar nicht schlimm. Manche meinen ja, es sei die Pest, aber das finde ich übertrieben. Ausschlag vielleicht. Sicher, wenn man sie braucht, sind sie nicht da, und wenn man seine Ruhe haben möchte, kommen alle auf einmal. Aber man sollte fairerweise auch die guten Seiten von Freundschaft sehen. Man kann schließlich in fremde Berufsbilder hineinwachsen wie z. B. den Pannen- und Abschleppdienst. Sehr wichtige Accessoires dafür sind Wagenheber, Abschleppseil, Überbrückungskabel und Kontaktspray. Diese Dinge habe ich jetzt grundsätzlich immer dabei, wenn ich zu einem Einsatz eile. Wie nützlich auch ein voller Reservekanister ist, weiß ich, seitdem das letzte Abschleppmanöver durch Spritmangel abrupt endete. Mein Freund rief deshalb noch einen Freund an, der sich dann einfach an die Spitze des Abschlepptrosses setzte und uns beide auf einmal mit achtzig Sachen von der Autobahn zog. Zum Glück war es spätnachts und Neumond, denn im Nachhinein bin ich mir gar nicht mehr so sicher, ob das überhaupt erlaubt ist.

Beim Renovieren und Umziehen hab ich es, unter fachlichen Gesichtspunkten gesehen, ziemlich weit gebracht. Was eines Tages harmlos mit der Hilfe beim Tapetenabreißen begann, hat bei mir inzwischen zu einer fast meisterlichen Reife beim Auf-Kante-Kleben, Blasenstechen und Faltenwegbürsten geführt. Neulich rief ein Freund an und fragte, ob ich ihm nicht schnell mal den Tacker und die Bohrmaschine vorbeibringen könnte. Zehn Minuten später war ich da. Er hatte gerade sein verwinkeltes Arbeitszimmer unterm Dach frisch tapeziert. Einige Bahnen in der Schräge hatten sich wieder abgelöst und hingen von der Wand herunter. »Die Tapete ist zu schwer«, schimpfte Rainer. Das war allerdings auch für mich ein völlig neues Problem. Dafür brauchte er also einen Tacker. Der ging aber nicht auf Stein. Also versuchten wir die Klebewirkung zu optimieren und schmierten Pattex auf die schräge Wand. Aber Kleister und Kleber schienen sich nicht besonders zu mögen und hinterließen gelb-grünliche Flecken auf der weißen Textiltapete, die nach zwei Minuten wieder abschlaffte. Als Nächstes probierten wir farblosen Sekundenkleber aus, mit dem Resultat, dass die Tapetenbürste, mit der wir kräftig dagegendrückten, bombenfest an der Wand kleben blieb. Bei dem wuchtigen Versuch, sie mit dem Hammer wieder loszuschlagen, kippte die Leiter und mit ihr der Tapeziertisch um, was dazu führte, dass nun fast alles zusammenklebte, was an Abdeckfolien, Tapetenstücken, Lappen und Butterbroten auf dem Boden lag, nur nicht die drei Bahnen unserer Wahl. Liebe Kinder, mit Sekundenkleber ist nicht zu spaßen und man sollte ihn immer sofort zuschrauben, damit nichts austreten kann, wenn man aus Versehen da drauftritt. Wir entschieden dann, es mit Annageln zu versuchen. Das sah zwar nicht schön aus, hielt aber die Tapete an der Wand. Bald waren die breitköpfigen Nägel alle und die Geschäfte schon zu, aber wozu hatte ich denn die Bohrmaschine mitgebracht? Den restlichen ›Abhang‹ haben wir angedübelt und verschraubt und uns versprochen, es niemals niemandem zu erzählen. So was nennen die Spanier ›Chapuza de Oro‹, was so viel wie Goldpfusch bedeutet.

Auch der Möbeltransport ist ein beliebter Freundessport, bei dem fachmännischer Rat nie schaden kann, wenn teures Hab und Gut durch ein verwinkeltes Treppenhaus transportiert werden muss. Ich hab mal erlebt, wie sich eine Kommode beim Heruntertragen dermaßen in der Geländerkurve verhakte, dass gar nichts mehr ging, weder rauf noch runter. Nach mehrstündigen Beratungen und außergewöhnlichen Versuchsanordnungen wurde schließlich das gesamte Treppengeländer zertrümmert, weil an dem Geländer nicht so viele Erinnerungen hingen wie an der Kommode.

Zu den selbstverständlichen Freundschaftsleistungen gehört natürlich der Verleih von Büchern, Filmen, CDs, Geld, Autos, Werkzeug und was gerade sonst noch transportabel ist. Eine heikle Angelegenheit, riskanter als Blumengießen, Tiere- und Kinderhüten, denn deren Besitzer kommen in der Regel von alleine zurück. Meine beste Freundin Conny musste ich fünfmal anrufen, bis sie mir meinen Nass- und Trockenstaubsauger endlich zurückbrachte. Sie lieferte ihn in einem blauen Müllsack ab und verschwand schnell wieder. Ich brauchte 24 Stunden, bis ich ihn wieder gereinigt, die Verstopfung beseitigt und den Riss im Schlauch geklebt hatte. Die ganze Zeit über habe ich mich wütend gefragt, auf welcher verdreckten Baustelle diese Schlampe ihn wohl ramponiert hatte und wie ich mich dafür erkenntlich zeigen könnte. Ich lud sie zum Essen beim Italiener ein. Da sagt sie nie nein. Als sei nichts im Busch, plauderten wir fröhlich über dies und jenes. Statt dann aber auf die Toilette zu gehen, wie ich vorgab, verließ ich unbemerkt das Restaurant und holte schnell den Hartschaum aus dem Auto, den ich mir extra besorgt hatte, und sprühte ihn kalt lächelnd in den Auspuff ihres Autos. Nach meiner Rückkehr kam sie doch noch auf den Staubsauger zu sprechen und meinte, sie hätte ein schlechtes Gewissen und wolle wenigstens das Essen bezahlen. »Wie du willst«, sagte ich und machte mich rasch vom Acker. Vergnügt fuhr ich nach Hause, doch als ich in die Handtasche griff, um den Wohnungsschlüssel rauszuholen, blieb mir fast das Herz stehen. Ich fasste in eine weiche Würmermasse. Sie hatte mir ihre Spaghetti mit Tomatensoße in die Handtasche geschüttet. In der E-Mail fand ich später eine kurze Notiz von ihr:

»Wenn du dich das nächste Mal an den Autos netter Menschen zu schaffen machst, solltest du darauf achten, dass sie dich nicht durch ein Fenster beobachten können.« Sie ist wirklich eine obercoole Sau, aber ich mag sie trotzdem. Nur den Staubsauger, den bekommt sie nie wieder.

ER Freunde

Aus der Reisewerbung kennen wir den Spruch: Sie kommen als Fremder und gehen als Freund. Gemeint ist natürlich: Sie kommen als Opfer in spe und gehen als Mensch, von dem wir jetzt wissen, dass wir ihn auch in Zukunft über den Tisch ziehen können. Einer meiner liebsten Uraltscherze ist sowieso: »Sind Sie Gast in diesem Hotel?« »Nein, ich muss für mein Zimmer zahlen.« Natürlich ist das Wort »Gast« im Kontext der Hotellerie ein recht plumper Euphemismus. Der Hotelgast ist ein Kunde, der für sein Geld das Recht erwirbt, bis zum nächsten Tag, normalerweise elf Uhr, ein Zimmer zu nutzen, für was auch immer. Möchte er essen, trinken oder Pornos sehen, fallen zusätzliche Kosten an. Dabei kann es gute und böse Überraschungen hageln. Als fahrender Sänger habe ich in 35 Jahren so gut wie alles erlebt, von frischen Schamhaaren in alter Bettwäsche bei der Ankunft bis hin zum eigenen Außenwhirlpool, der zum Sprudelbad nach einem Gang in der eigenen Sauna lud. Ich habe die Frage gehört: »Darf ich Ihnen mit dem Gepäck helfen?« Da hatte ich nur eine kleine Reisetasche dabei. Ich vernahm aber auch schon den nicht ohne Schärfe gerufenen Hinweis: »Sie haben da noch eine Tasche vergessen!« Da war ich mit drei Gepäckstücken auf dem Weg zu meinem in einem entlegenen Flügel des weitläufigen Gebäudekomplexes befindlichen Zimmer und einen Gepäckwagen gab es nicht. Da war ich – zugegeben – noch ein junger Hotelkunde. Der Gast im eigentlichen Wortsinne genießt Speisen, Getränke und womöglich Logis unentgeltlich. Ich wäre auch gerne mal Gast bei Brad Pitt, wenn er Eskimo wäre, denn dann würde die Konvention bekanntlich verlangen, dass er mir seine Frau zur Nacht anbietet, Angelina Jolie. Gottseidank ist sie nicht mein Typ. Deswegen könnte ich auch mit ihm befreundet sein, ohne dass er sich Sorgen machen müsste. Damit haben wir geschickt die Kurve zur Freundschaft genommen. Australische Forscher haben in einer Langzeitstudie nachgewiesen, dass Freundschaften für die Lebenserwartung wichtiger sind als Familie. Nach wie vor hinken ja Männer etwa acht Jahre in der Lebenserwartung hinter den Frauen her. Liebe Frauen, wenn ihr also im Alter nicht allein sein wollt, dann lasst uns unsere Kumpels, mit denen wir um die Häuser ziehen wollen, es ist wichtig für uns. Wenn meine Frau jetzt meckert, sage ich immer: Schatz, du willst doch nicht alt und einsam sterben?

Es gibt einfach Dinge, die kann man nur mit Kumpels machen, zum Beispiel über Sex reden, so wie früher als man jung und selber noch in der Lostrommel war.

Nicht, dass Sie mich falsch verstehen, ich möchte nicht noch mal Single sein, ich genieße es, zusammen mit meiner Frau in einem in mehr als einem Vierteljahrhundert gereiften gemeinsam erworbenen Erfahrungsschatz zu schweigen, aber Singles haben einfach die besseren Bettgeschichten. Man weiß es deshalb, weil sie es jedem erzählen. Ein verheirateter Mann kommt relativ selten an den Stammtisch und sagt: »Ihr glaubt nie, was ich gestern mit meiner Frau angestellt habe!« Wo immer man eine Menschentraube sieht, ist es ein Single, der vom Sex erzählt. »Da lag ich auf ihrem Bett und dann hat sie eine Dose Ananas aufgemacht und mir die Ananasringe über den Dödel gestülpt, zwanzig Scheiben, es hätten mehr draufgepasst, aber die Ananas war alle, und dann hat sie Sprühsahne draufgemacht und Cocktailkirschen, und Schokostreusel ... und dann, was hat sie dann gemacht? Dann ist sie rausgegangen und dann ... sah das so lecker aus, da konnte ich nicht widerstehen und hab die ganzen Ananasringe allein aufgefressen.« Ich weiß, ein alter Witz, aber fragen Sie doch mal ein Ehepaar: »Was habt ihr gestern gemacht?« »Du, den Linseneintopf von Freitag warm gemacht, ›Winterfest der Volksmusik‹ geguckt und noch ein bisschen gelesen.«

Aber es ist wichtig, dass man sich diese Singleerlebnisse anhört, das wirkt ja auch befruchtend auf die Beziehung, aber dazu muss man die Gelegenheit haben, unter Männern zu sein, und das ist gar nicht so einfach. Letzten Vatertag, ich war auf Tour, sahen wir im Grünen die Grüppchen mit Bollerwagen voll Bier und Grillgut singend durch den Tann brechen und es waren immer Frauen dabei und die haben nicht mal den Wagen gezogen! Hallo? Es heißt Vatertag. Am Muttertag lege ich mich ja auch nicht ins Bett und lasse mir Frühstück ans Bett bringen. Ich würde auch nie auf die Idee kommen, mir gewaltsam Zutritt zu einer Frauenkneipe zu verschaffen, deren Pendant, den Männerclub, es übrigens meines Wissens hierzulande nicht gibt. Da liegen die Engländer weit vorn mit ihren Herrenclubs, in denen überwiegend ältere Männer sitzen, Zigarren rauchen, Zeitung lesen, Whisky trinken und dummes Zeug erzählen. Ich glaube, das ist eine Marktlücke, vielleicht werde ich mal so was aufmachen, da kann dann unsereins in Ruhe sitzen und über Sex reden wie Invalide vom Krieg. Abschließend müssen wir noch kurz über die Verbindung beider Wörter reden, die Gastfreundschaft. Dabei meine ich nicht die altruistische, in nahezu allen Kulturen religiös fundierte Version, in der der Gastgeber den Gast nicht nur beherbergen und verköstigen, sondern ihn im Ernstfall auch verteidigen und sogar rächen muss. Ich rede auch nicht von der auf Jesus zurückgehenden Praxis der Lokal-

runde im großen Stil, siehe Hochzeit zu Kanaan und die wunderbare Brotvermehrung (Mt.14,17–21) an jenem öden Ort, an den Jesus vor Herodes geflohen war und zu dem eine große Volksmenge ihm gefolgt war, die er dann mit fünf Broten und zwei Fischen satt machte, und was mich immer schon an dieser Stelle irritierte: Matthäus schreibt:»Die aber aßen, waren bei 5000 Männer, ohne Weiber und Kindlein.« Haben Weiber und Kindlein nichts bekommen oder haben die nur so wenig gegessen, dass es nicht ins Gewicht fiel, zumal Kinder ja oft keinen Fisch mögen? Wie auch immer, Jesus kannte die Leute nicht, unser Thema soll aber sein das gute alte Essen mit Freunden, mit Leuten also, die wissen, dass ich mich beim Kochen mächtig ins Zeug lege, dass ich neue Rezepte ausprobiere, neue Weine gecheckt habe und dass es immer ein Vielfaches der erforderlichen Menge gibt. Das habe ich von meiner Mutter. Wenn man bei ihr zu Gast war und sie fragte:»Darf's noch etwas sein?«, durfte man nie den Fehler machen, zu sagen:»Ja, aber nur noch ein bisschen, bitte!« Dann bekam man eine Portion, von der eine Kleinfamilie eine Woche hätte leben können, ohne sich nennenswert einzuschränken. Sagte man:»Nein danke, es war wunderbar, aber ich bin satt«, bekam man immer noch eine Portion, an der Calli Calmund zu knabbern gehabt hätte. An dieser genetischen Hypothek trage ich schwer. Wenn einer meiner Gäste absolut nicht mehr kann, muss er schon auf mich schießen, und ich werde mit sechs Dumm-Dumm-Geschossen im Körper sagen: »Was ist denn los, hat es dir nicht geschmeckt?«
Letztens hatte ich einen Alptraum: Ich nahm am ›Perfekten Promidinner‹ teil, zusammen mit Ottfried Fischer, Dieter Pfaff und Calli Calmund, ich musste als Erster kochen, und während ich in der Küche stehe und aus gegebenem Anlass als Vorspeise Eier Benedikt bereite, eine von Elvis' absoluten Lieblingsspeisen, geröstete Muffins mit gebratenem Schinken, pochierten Eiern und

einer Zitronenhollandaise, brüllen die drei Unterhal-
tungsschwergewichte aus dem Wohnzimmer bereits:
»Wir haben Hunger, Hunger, Hunger ...«, usw., wobei sie
den Rhythmus mit ihren Bestecken mittrommeln. Das
durchaus gehaltvolle Gericht verschwindet binnen Na-
nosekunden in den Kollegen und ich mache mich, von
den nachdrücklichen Ermahnungen begleitet, man
wolle, wenn die Vorspeise schon was für den hohlen
Zahn war, jetzt aber nicht so lange warten müssen,
schweißüberströmt an den Hauptgang, mit Salbei und
Knoblauch mariniertes Schweinefilet mit Parmaschinken
auf Rhabarber, dazu Pommes duchesse und gebratener
Spargel, während meine Gäste dreistimmig »Komm Herr
Jesus sei unser Gast ...« zur Melodie von Yellow subma-
rine brüllen. Nach wenigen Sekunden war auch der
zweite Gang Kochgeschichte, Calli meinte nur: »Die
Frage nach Nachschlag ist wohl rhetorisch, oder ...?«
Woraufhin die drei Fressmaschinen wie auf Kommando
riesige Lunchpakete hervorzauberten und zu vespern begannen, dass die Fetzen flogen. Ich brach mit einem
Weinkrampf zusammen und nahm nur durch einen fast
undurchdringlichen Tränenschleier hindurch noch
wahr, wie Frank Elstner mich dazu beglückwünschte,
dass es ihm endlich gelungen sei, mich für ›Verstehen Sie
Spaß‹ zu verladen.

SIE Diät

Auf einer Geburtstagsfeier traf ich Johanna, eine aparte
Schönheit in mittleren Jahren, mit weiblichen Rundun-
gen, silbernen Fäden im langen, schwarzlockigen Haar
und einem rundlichen Gesicht, das eine Menge von
ihrem schelmischen Wesen ausstrahlt. Sie sah blendend

aus. »Ich bin gestern aus den Ferien gekommen«, erzählte sie fröhlich. »Und, wie war's?«, fragte ich. »Oh, es war traumhaft«, sagte sie, »aber ich habe 1,86 kg zugenommen.« »Wie?«, fragte ich erstaunt, »du rechnest mit deinen Pfunden zweistellig hinterm Komma ab? Ist das nicht ein bisschen pingelig, Johanna? 1 Gramm ist ein schwerwiegendes Argument bei Arzneien, aber doch nicht beim Körpergewicht.« Ihr Blick streifte das Büffet und auf ihrer Stirn erschienen kleine Sorgenfalten. »Na ja«, sagte sie, »aber wenn du wüsstest, wie schwer es wird, die wieder runterzukriegen.« »Dann lass es doch«, riet ich ihr, »schmeiß die Waage weg, befrei dich von der Diktatur der Messgeräte, der Kleidergrößen, der Schönheitsideale. Du siehst fantastisch aus.« »Du hast gut reden«, meinte sie, »du bist von Natur aus schlank, aber ich muss jetzt auf Diät. Das sind Strapazen, von denen du keine Ahnung hast.« »Hör bloß auf«, entgegnete ich, »ich hab schon als Kind meine erste Diät gemacht, allerdings ohne es zu wissen. Es gab einfach nichts anderes als Margarine, und die hieß nicht ›Du darfst‹, sondern ›Du musst‹. Ich war topfit, als ich eingeschult wurde, doch der dusselige Doktor, der uns Anfänger untersuchte, befand mich als zu dünn. Darauf ging ein Martyrium ungeahnten Ausmaßes los, denn meine Eltern entschieden, mich mit Lebertran anzureichern. Das Zeug schmeckte so ekelig, dass ich bei jedem Löffel tausend Tode starb und jeglichen Appetit verlor. Das löste automatisch meine zweite Diät aus, ich wurde noch dünner. Ich bekam eine Kur verordnet, und da ging die Quälerei mit verschärften Mitteln weiter, denn jeden Morgen sollte ich eine doppelte Portion Butter verdrücken. Mit einer Portion hatte ich schon genug Schwierigkeiten, und das wurde auch noch kontrolliert. Du glaubst gar nicht, wo man Butter überall hinschmieren kann, wenn man sie unbemerkt loswerden muss. Sie landete unter Tischen, Stühlen und Tellern, ich hab mir die Beine damit eingerieben, die Sandalen geölt und sie

mir in die Haare geschmiert, bis nach ein paar Tagen endlich der heimliche Austausch von Butter zwischen
denen, die zu viel, und denen, die zu wenig Gewicht hatten, florierte.« »Aber Zunehmen geht doch viel leichter
als Abnehmen«, meinte sie. »Von wegen, glaub mir,
meine Pein war genauso groß wie die der zum Abnehmen
verurteilten Kinder. Dieser ganze Durchschnittswerte-
und Gewichtstabellenmist hat nichts mit dem wirklichen Leben zu tun. Verordnetes Dicker- oder Dünner-
werden ist eine Tortur, die ich keinem wünsche, der nicht
dringende gesundheitliche Gründe dafür hat.« »Aber
Karl meint auch, ich wäre zu dick«, gab sie bekümmert zu
bedenken. Karl, ihr Mann, hatte sich mit eiserner Disziplin zu einer Bohnenstangen-Lagerfeldkopie gehungert,
der nur der Schwanz fehlte. Das Haupthaar trägt er
rasiert. »Sag mal, hast du etwa ein schlechtes Gewissen
dabei, dich sauwohl zu fühlen? Du bist wohl verrückt.
Frag dich lieber, ob der Sex mit diesem Gerippe noch
Spaß macht. Eine gewisse Schwere und ein bisschen Kraft
und Ausdauer sind doch eigentlich ganz schön.« Sie
musste lachen. »Sieh mal, Johanna, jedes Element, jeder
Stoff auf dieser Erde hat sein spezifisches Gewicht, wie
wir aus dem Physikunterricht wissen, und so ist das auch
bei uns. Jeder Mensch hat sein eigenes spezifisches Gewicht. Wir sind doch keine Barbiepuppen vom Band.
Wenn du das akzeptierst, dann ist Ruhe an der Gewichts-
front. Lang lebe das gottgegebene Eigengewicht«, schloss
ich meinen Vortrag, und wir prosteten uns zu. Langsam
schien ihr mein Fahrwasser sympathisch zu werden, aber
dann stöckelte eine dürre Blonde an uns vorbei zum Bü-
fett und wir sahen, dass Karl ihr auf den Knackarsch
starrte. »Hast du schon mal von Trennkost gehört?«,
fragte Johanna mich. »Johanna«, sagte ich, »ich kenne
sogar einen Diät-Hardliner, der hat alles, was jemals an
Diäten auf dem Markt war, am eigenen Leib ausprobiert,
der hat Kalorientabellen verinnerlicht wie das kleine Ein-

maleins und kennt alle möglichen Verbrennungswerte besser als die Feuerwehr. Das hat ihm alles nichts genützt. Ich habe ihn mal auf einem Empfang getroffen, als er gerade auf Trennkost war. Da hat er das ihm gereichte Tablett mit leckersten Häppchen stundenlang blockiert, weil er erst alle Bestandteile nach ihrer Art analysieren und sortieren musste, um etwas zu finden, das den Trennkostvorschriften entsprach. Ich wäre fast verhungert und schlug ihm vor, es doch mit dem als Dekoration dienenden Zitronenscheibchen zu versuchen. Das fand der überhaupt nicht lustig. Mit einer Diät, egal welcher, versaust du dir nur drei bis vier Wochen deines Lebens. Bei ihm müssen das jetzt zusammengerechnet schon Jahre sein.« »Oh Gott«, stöhnte Johanna, »das klingt ja gar nicht lustig. Was macht der denn?«, fragte sie neugierig. »Er ist Komiker«, antwortete ich. »Aber ich denke, er hat mittlerweile gerafft, dass der berühmte Jojo-Effekt, wie er in der Diät-Lyrik genannt wird, ihm immer wieder die Tour vermasselt. Natürlich kannst du mit unerbittlicher Selbstgeißelung innerhalb von vier Wochen einige Kilos abnehmen, aber die hast du acht Wochen danach garantiert wieder drauf, wenn nicht sogar noch ein paar Pfunde mehr.« »Da liegt ja der Verdacht nahe, dass man, je öfter man Diäten macht, umso dicker wird«, resümierte sie erstaunt. »Genau so ist es. Schon Goethe sagte, das, worauf man achtet, wächst. Außerdem hat der Körper pausenlos eine Vielzahl von hochkomplizierten Vorgängen zu regeln. Dabei lässt er sich nicht gern ins Handwerk pfuschen und Traumfigur-Vorstellungen gehen ihm erst recht am Arsch vorbei. Darauf reagiert er empfindlicher als ein Motor, den man mit zu wenig Sprit zum Stottern und mit zu viel zum Absaufen bringt.« Darauf haben wir uns erst mal einen Schnaps besorgt. »Wenn dich deine Speckröllchen stören, dann warte einfach ab, bis unsere Wissenschaftler einen funktionierenden Fettkiller entwickelt haben, z. B. eine Art von Pressluftbonbon, das die Fettzellen direkt in Antimaterie verwandelt. Oder beweg dich einfach mehr und schon sind die weg. Und wenn hier wer abnehmen sollte, dann sind es doch wohl die Männer. Schau dich doch mal um hier. Bis auf deinen Schachtelhalm lauter Waschbärbäuche, die zu ihrem eigenen noch das spezifische Gewicht von Bierfässchen mit sich herumtragen. Die können doch im aufrechten Zustand ihr Geschlechtsteil nicht mehr sehen. Aus den Augen – aus dem Sinn. Glaubst du etwa, die zermartern sich das Hirn mit der Frage, ob sie ohne Buhrufe vom Strandlaken zum Wasser kommen oder ob es nicht vorteilhafter wäre, den Urlaub über eine Ganzkörper-Tunika zu tragen? Stattdessen muten die uns ein paar Jahre Hosehochziehen zu, bevor sie endlich Hosenträger anschaffen. Die empfinden ihr Aussehen eher als kunsthistorisches Ereignis denn als Naturkatastrophe. Ich habe sogar mal unseren alten Hausarzt beiseitegenommen und gefragt, ob er meinem Wampi nicht mal eine Bier-Diät nahelegen könnte. Der hat sich ausgeschüttet vor Lachen.« »Wieso das denn?«, fragte sie empört. »Tja, Johanna, unser Hausarzt wiegt 140 Kilo.«

ER Diät

Das Thema Diät möchte ich gerne uneingeschränkt negativ angehen. Die Fragestellung lautet also: Warum sollte man Diäten vermeiden? Man hört oft: Oh, ich bin zu dick, ich muss abnehmen. Noch öfter hört man: Du bist zu dick, du musst abnehmen. Die erste Äußerung ist bei labilen Menschen eine Folge der zweiten. Was heißt zu dick? Zunächst einmal nur, dass man sein Fett sichtbar außen am Körper trägt. Viele andere tragen es unsichtbar innen! Die sind innerlich zu dick! Das war für mich eine der faszinierendsten Meldungen der letzten Jahre. Sagen Sie in Zukunft jedem Dünnen, der Ihnen dumm kommt: Lass du dich erstmal checken, ob du nicht innerlich viel mehr Fett hast, dann reden wir weiter. Weiterhin ist Fettleibigkeit durchaus nicht in erster Linie auf zu viele Nahrungs- und Genussmittel zurückzuführen, denn wir alle kennen Menschen, die mehr essen als wir, aber dünner sind. Wir sind bessere Futterverwerter, evolutionär eigentlich im Vorteil, nur mit der Ungnade der späten Geburt behaftet, denn die Steinzeit ist vorbei. Aber jetzt kommt's: »Die wahren Dickmacher sind dicke Freunde«, schrieb Bild. Wissenschaftler der Harvard Medical School fanden in einer Langzeitstudie heraus, dass Menschen mit dicken Freunden mehr als dreimal so häufig selbst übergewichtig werden. Ein Forscher: »Übergewicht ist sozial ansteckend.« Und das ist noch nicht alles: Eine Kinderärztin der Universität Boston fand heraus: autoritär erzogene Kinder haben ein fünffach höheres Risiko, so, damit ist doch wohl alles klar: Mein Vater hat mich durchaus ab und zu verprügelt und ich habe jede Menge dicke Freunde, auch die Menschen, die ich gut finde, sind durch die Bank stattlich oder waren es, wie im Falle Peter Ustinov, Heinz Erhardt, die Reihe ließe sich beliebig fortsetzen. Warum lässt denn ein William Shakespeare seinen Cäsar sagen: »Lasst dicke Männer um mich sein!« Der war doch kein Dummer! In Deutschland ist nur eine Minderheit normalgewichtig, las ich in einer Zeitschrift. Der Schreiber gehört doch zwangsernährt. Wenn die Mehrheit dick ist, dann ist dick normal, weil es der Norm entspricht. Ein Ausländer oder auch Außerirdischer, der Deutschland besucht, wird zu Hause erzählen, normalerweise sind die Deutschen rundlich, das sah sehr hübsch aus, so gemütlich. Wir reden hier nicht von Ausnahmen wie der siebenjährigen Jessica aus Chicago. Sie wiegt 222 kg und ist das dickste Kind der Welt. Sie nimmt pro Tag ca. 10.000 Kalorien zu sich, denn Essen ist ihr einziges Hobby, neben Trinken, sie trinkt fünf Liter Cola. Aber das ist auch nicht viel unnormaler als bulimische Models, im Volksmund gern auch als Brechstangen bezeichnet. Warum hungert sich ein kluger Mann von 70 Jahren wie Karl Lagerfeld 30 Kilo runter? Damit ihm die Kleidchen passen, die er entwirft, oder was? Und dann noch nach der Montignac-Methode, einer verschärften Variante der Trennkost. Ich habe so gut wie jede Diät ausprobiert, früher, als ich noch nicht so in mir ruhte wie heute. Trennkost ist wissenschaftlich gesehen Unsinn, sie funktioniert auch nur, wenn man Kalorien zählt, also kann ich gleich Kalorien zählen, dabei aber wenigstens so essen, wie ich es von Kind an gewöhnt bin, dass nämlich Fleisch und Fisch nur mit einer Sättigungsbeilage den Namen Mahlzeit verdienen. Das sind dann eben nur zwei Kartöffelchen und mehr Gemüse, aber immerhin, es sieht nach was aus. Trennkost ist eine Beleidigung für jeden, der gern kocht. Natürlich können Sie, wenn Sie nur Huhn und Salat essen, abnehmen, aber das machen Sie 14 Tage, dann sind Sie so durchgeweht, dass Sie Hand an sich oder andere legen. Und binnen drei Tagen wiegen Sie mehr als vorher. Jojo-Effekt, jeder, der den Irrweg Diät mal beschritten hat, kennt ihn. Wenn Sie übrigens nur Kaninchen, was noch magerer ist als Huhn, essen, sind Sie in einem Monat tot, weil der Mensch nämlich auch etwas Fett zum Überleben braucht. Nicht so viel, wie in 66 Hot Dogs ist, aber so viele müssen Sie essen, und zwar in zwölf Minuten, um den Weltrekord des 23-jährigen Kaliforniers Joey Chestnut einzustellen. Damit sind wir bei der Atkins-Diät, da sollen Sie weitestgehend auf Kohlehydrate verzichten, können aber so viel Fett und Fleisch essen, wie Sie wollen. Also Salami mit Mayonnaise. Man nimmt auch am Anfang ab, weil man das Zeug bald nicht mehr sehen kann und in die Minuskalorien rutscht, aber nach einer Woche wollte ich die Schaufensterscheibe einer am Wege liegenden Bäckerei einschlagen.

Ich sage Ihnen, was Sie tun müssen, wenn Sie dauerhaft

Gewicht reduzieren wollen. Weniger Kalorien zu sich nehmen, als Sie verbrauchen. Wenn Sie 2200 verbrauchen, das wäre so das Quantum für einen erwachsenen männlichen Sesselpupser, nicht für einen Müllmann oder Möbelpacker, die kommen auf 4000, sollten Sie bei höchstens 1600 Kalorien Aufnahme landen. Wann Sie die essen, ist wurscht. Alle Behauptungen, spätabends schlüge das Essen besonders an, sind nie irgendwo bestätigt worden. Wer ist denn das dickste Volk, wir oder die Franzosen und Spanier, die erst um 21 Uhr mit Abendessen anfangen? Essen Sie 15 Minuten vor dem Hauptgang einen großen Salat oder eine Gemüsesuppe oder eine Portion Obst. Lassen Sie sich dann etwas Zeit. Trinken Sie viel Wasser, das sättigt auch. Essen Sie alles, was Sie mögen, aber nur wenig. Und als Letztes, nach dem Salat. Denken Sie daran, eine Flasche Wein hat 750 Kalorien, ein halber Liter Bier 250. 100 Gramm Erdnüsse 600, das ist das Schlimmste überhaupt. Wenn Pommes, dann Backofenpommes, wenn Würstchen, dann die von Weightwatchers, schmecken okay und haben viel weniger. Und treiben Sie ein bisschen Sport. Nicht zu viel, sonst ruinieren Sie Ihr Immunsystem, und nicht zu wenig, sonst können Sie es auch lassen. 40 Minuten joggen oder Nordic Walking, dann in die Badewanne und die Whirl-Matte angeschmissen, gibt es für ca. 200 Euro und ist genauso gut wie ein eingebauter Jacuzzi für 5000 Öcken, dann sollen Sie aber mal Ihre Laune sehen! Jetzt fragen Sie sich sicher, wenn der das alles so schön weiß, wieso ist der dann nicht dünner? Erst einmal begann die Passage mit: Ich sage Ihnen, was Sie tun müssen, wenn Sie abnehmen wollen ... Sie, nicht ich. Ich will gar nicht. Ich weiß nur, wie es geht. Ich weiß noch viel mehr: Sie können auch einen Liter Eiswasser trinken, denn um den auf 37 ° zu bringen, braucht der Körper 37 Kalorien. Mit 20 Liter Eiswasser können Sie also eine Flasche Wein kompensieren. Und noch etwas: Das ganze Leben ist voller Widersprüche! Susanne Fröhlich ist, nachdem ihr Diätbuch ein Megaseller wurde, auch wieder ein bisschen fülliger geworden, und Elliott Ness, der Leiter der amerikanischen Prohibitionsbehörde, starb als Alkoholiker.

SIE Mode

Mode finde ich ganz toll. Ohne Mode gäbe es gar nicht viel zu gucken. Wir Menschen sind rein äußerlich keine wirklichen Hingucker, da sind Stinktiere und Disteln schöner. Abgesehen von Pickeln in der Pubertät und Bäuchen im Alter, bekommen wir nicht einmal Blüten. Kein Wunder, dass wir auf stolze Rosen neidisch sind, erst recht auf ihren Duft. Also wurde die Mode erfunden und das Parfüm gleich mit. Schon ein buntes Tuch, raffiniert um die Hüften geschlungen, hebt die Laune und den Schwung, kann Zebras und Kakadus die Show stehlen oder Wildschweine vertreiben. Die Bilder von Volksaufmärschen in Peking haben mich früher immer traurig gestimmt. So viel Arbeit hätte es nun doch wirklich nicht gemacht, die blaue Einheitskluft nicht so trist aussehen zu lassen, und wer weiß, vielleicht wäre die chinesische Revolution weltweit ein Riesenerfolg geworden, wenn die Kader mehr Wert auf ihr Äußeres gelegt und den Mao-Anzügen, z. B. mit einem leicht karibisch anmutenden Farbmix, eine fröhlich stimmende und optimistische Note gegeben hätten.

Jedes Volk verdient die Mode, die es trägt, ob Holzschuhe, Baskenmütze oder Burka. Ich gehöre noch zu der Generation, die einem Loch in der Jeans einen Zeitgeistaspekt abgewinnen konnte und ein Blümchen darüber stickte. Meine gelbe Cordjeans hab ich so geliebt, dass ich sie noch trug, als auf den Oberschenkeln und am

Hintern gar kein Cord mehr war, sondern nur hauchdünnes Gewebe. Ich hab sie immer zu Hause beim Putzen getragen und konnte ja nicht damit rechnen, dass ich plötzlich mit viel Geschrei auf die Straße gerufen würde, weil meine dort geparkte Ente angefahren worden war. Als ich mich über die Kühlerhaube beugte, um die Angaben des türkischen Unfallverursachers zu notieren, zerfiel sie förmlich, was nicht weiter schlimm gewesen wäre, wenn ich vor lauter Aufregung die Wohnungsschlüssel nicht vergessen hätte. Erschwerend kam hinzu, dass bald auch noch dunkle Rauchschwaden aus dem Küchenfenster zogen, die von meiner Pfanne mit Gehacktem auf dem Ofen herrührten. Hätte ich geahnt, dass zerrissene Hosen einmal voll der Hype sein würden, wäre ich mit dieser Situation erheblich lässiger umgegangen und hätte sagen können: Krasse Mode, Alter, guckst du aber besser mal nach deinen Bremsbacken.

Heute ist zum Glück fast alles Mode, alles kann mit allem zusammen getragen werden. Als ich das erste Mal meine Nachbarin mit der Kombination lange Hose und Kleid sah, dachte ich zuerst an ein ungelöstes Entscheidungsdrama vor dem morgendlichen Kleiderschrank. Aber es war kreatives Modebewusstsein, das die Individualität hervorhebt, wie es mittlerweile schon die Kleinsten verinnerlicht haben, die ohne das richtige Outfit von Oilily oder Aldi keinen Fuß mehr in den Kindergarten setzen. Beim Shopping in einem Designerladen entdeckte ich neulich ein Teil auf dem Bügel, das sich nicht identifizieren ließ. Ich fragte die Verkäuferin, aber die konnte sich auch keinen Reim drauf machen und holte die Abteilungsleiterin. Gemeinsam legten wir mir diese ausgesprochen fantasievolle Kreation an. Ein Wickelrock, wie sich herausstellte, an den ein lendenschurzförmiger Gürtel angenäht war, an dem wiederum ein Lappen hing, der schräg über die Brust – wie ein Schild – und dann über eine Schulter gezogen wurde, hinten wieder schräg über den Rücken bis zur Taille und nochmal um sie herumführte und mit einem Klettverschluss am Gürtelschurz festgemacht wurde. Sensationell waren auch die an vielen originellen Stellen angebrachten kleinen Taschen mit Reißverschlüssen, die man auf- und zumachen konnte und die wohl für den handfreien Transport einzelner Briefmarken gedacht waren. Natürlich hab ich mir diesen Überhammer sofort an Land gezogen. Nur hab ich den zu Hause leider nicht wieder so angezogen gekriegt und selbst mein Mann, diplomierter Designer, war schnell am Ende seines Lateins. Sein Kommentar: »Na, da hast du ja mal was angeschafft, das noch komplizierter ist als du«, hat mich zumindest etwas getröstet.

Ohne Mode hätten Frauen auch viel weniger zu tun – im Waschsalon und bei der Haute Couture. Es ist ja nicht so, dass einem nur das Geld fehlt, um Versace, Dior oder Gucci zu tragen, manchmal ist auch einfach die Zeit nicht da für einen Trip nach Mailand oder Paris, um sich mit dem allerletzten Schrei einzudecken, weil man da gerade wieder bügeln muss. Bei vielen lassen auch die äußerlichen Bedingungen eigentlich keine modischen Experimente zu, aber gerade die fahren am meisten darauf ab. Ich hatte die allerfettesten Schulterpolster der Achtzigerjahre und sah aus wie Meister Propper mit Spinatwachtelbeinen oder, wenn ein Polster verrutscht war, wie ein vergeigtes Anabolika-Experiment aus DDR-Olympia-Tagen. Zum Glück hält die aktuelle Mode gerade mal eine Saison und nicht mehr eine Epoche. Bin ich froh, dass ich nicht jahrelang viel Dekolleté zeigen musste, weil ich so extrem wenig Holz vor der Tür habe. Und mit Push-up-BHs komm ich mir vor wie eine Seifenblase, die jeden Moment platzen kann, wie damals meine gelbe Hose. Im Allgemeinen tun meine Freundinnen und ich wirklich alles modisch Mögliche, um ein bisschen Glanz vor die Hütte zu zaubern, kämpfen mit jedem Zentimeter beim Minirock und tragen Pfennigabsätze zum Après-Ski, die oft höher sind als die umliegenden Berge. Stöckelschuhe sind eine Herausforderung, die Männer gar nicht hoch genug einschätzen können, besonders wenn der Absatz zwischen den Straßenbahnschienen festhängt, die Bahn anrollt und ich darauf vertrauen muss, dass der Fahrer erkennt, dass mir der neue Schuh gerade wichtiger ist als alles andere.

Ein bisschen herausgeputzt, können Frauen auch ihre Männer schön finden, die meist erzlangweilig aussehen in ihren grauen, blauen, schwarzen oder höchstens mal dezent gestreiften Anzügen und bunte Hemden immer noch ausschließlich für Urlaubs- oder Bühnenkleidung halten. Die sollten sich mal ein Beispiel an Jürgen von der Lippe oder dem frühen Wigald Boning nehmen, oder an den Naturvölkern, wo die Männer mit stylistischen Outputs der Super-Sonder-Extra-Klasse ihre Frauen noch in den Schatten stellen. Deren Schmück-Gene toben sich mit angebundenen Schwanzverlängerungshütchen, atemberaubenden Ganzkörper-Make-ups und betörender Bijouterie richtig aus, dagegen wirkt ein kleines Piercing oder Tattoo wie ein Fliegenschiss. Was war das für eine Sensation, als Jack Lang, der gut aussehende französische Kulturminister, eines Tages keine Krawatte mehr trug. Da ging ein Ruck durch Deutschlands Herrenkleiderschränke, das erregte Männer mehr als der erste Oben-ohne-Badeanzug. Leider verschwindet damit auch der letzte bunte Fleck am Mann. Aber ich bin sowieso der Meinung, dass Männer Krawatten ganz woanders anbinden sollten.

ER Mode

Mode ist ein faszinierendes Thema. Gell, den Satz hätten Sie jetzt von mir nicht erwartet?
Natürlich hätte ich diesen Essay(!) auch beginnen können mit: Mode ist eine fremde Macht, der zu unterwer-

fen ich mich ein Leben lang geweigert habe, ganz im Gegensatz zu meiner lieben Frau. Das ist zwar jokos, aber nicht ausreichend.

Jetzt stellen wir uns erst mal ganz dumm und fragen: Wat is Mode? Das, was wir in regelmäßigen Abständen auf den Schauen, wie wir Modezaren es nennen, von magersüchtigen Kleiderständerinnen in Mailand oder wo auch immer vorgeführt bekommen und wo man sich immer fragt: Wer soll das bezahlen und wer will das überhaupt tragen? Niemand. Das ist Showmode. Diese Veranstaltungen sind flüchtige Gesamtkunstwerke, kreative Schwanzvergleiche, das Ganze wendet sich an die Reichen und Schönen, aber ein epochaler Trend wie: alle Mädchen zwischen Menarche (1.Regel) und Menopause tragen bauchfrei, eine Mode, die bei vielen Pädagogen die Burn-out-Rakete verfrüht gezündet und ebenso vielen Internisten dank der Nierensteinlawine vorzeitig die Datsche an der Ostsee beschert hat, ein echter Klassiker, der zyklisch immer mal wieder epidemieartig auftauchen wird, so was wedelt keiner mit dem Fächer herbei. Mode ist nicht nur eine Möglichkeit, ein wenig Glanz auf die Miene der lieben Frau zu zaubern, wenn man Scheiße gebaut hat, das ist natürlich ein ganz wichtiger beziehungshygienischer Aspekt, Mode als Synonym für Kleidung allgemein kann etwas über ihren Träger verraten, entweder, was er ist, also Priester, Feuerwehrmann, Clown, Arzt, oder wie er ist, z. B. farbenblind, geschmacklos, unsauber, mittellos oder geizig, oder wie er gerne gesehen werden möchte, also reich oder sportlich, seriös, jugendlich, grüblerisch usw.

Es gibt komische Aspekte, vor allem, wenn es um die Betonung des männlichen Genitals geht, wie wir es vom Balletttänzer und seiner Hasenpfote kennen, oder auch vom Torero, überhaupt aus allen Epochen, wo Strumpfhosen angesagt waren. Und nicht nur da, wie dieser sehr hübsche alte jüdische Witz beweist, wo ein Stammkunde zu seinem Schneider kommt und sagt: »Mach mir eine Hose, aber so eng, dass man kann sehen mein Geschlecht!« Sagt der Schneider: »Mein Lieber, werde ich dir machen eine Hose so eng, dass man sieht deine Religion!« Also soll Mode unter anderem Dinge deutlich machen, die man nicht zeigen darf, undercover enthüllen, wenn man so will, aber auch häufig Dinge größer erscheinen lassen, was ja dann, wenn man zum ersten Mal intim wird, beim Auspellen schon mal zu Äußerungen führt, wie: »Na, das hatte ich mir aber anders vorgestellt!« Weil Kinder ja nicht blöd sind, tragen sie vielleicht gerade deshalb heute vielfach »streetwear«, also Klamotten, die aussehen wie drei Nummern zu groß. Einer Logik folgt das aber alles nicht. Mal sind Schulterpolster in, wie in den 80ern, mal sollen die Schultern schmal wirken, unterstützt durch hohe Taille und weit ausschwingenden Rock. Das war 1958 unter dem Namen ›Trapezlinie‹ Yves Saint Laurents erster großer Knaller und wird seitdem immer mal wieder aufgewärmt. Das Motto der Mode lautet einfach: Variatio delectat oder auch: Öfter mal was Neues. Manchmal lassen sich auch einzelne Künstler einen speziellen Look auf den Leib designen. Ich meine jetzt weniger meine bunten Hemden, wie Sie vermutlich annahmen, sondern Madonna und ihre Korsagen von Gaultier mit den Brustbehältern, die aussahen wie die Spitzsiebe, mit denen ich beim Kochen eine Gemüsesauce passiere. Wie konnte es dazu kommen?

Gehen wir einfach mal zu Adam und Eva zurück: Sie stellten die Gesamtpopulation im Paradies dar und trugen angeblich Feigenblätter, in Wirklichkeit natürlich nichts, denn sie waren sich ihrer Nacktheit nicht bewusst bzw. lernten erst mit dem Rausschmiss nach dem Sündenfall, etwas dabei zu finden. Der Zwang, die Blöße zu bedecken, ist also Teil der Erbsünde. »Gottseidank«, hätte die Modebranche unisono gebrüllt, wenn es sie damals schon gegeben hätte, tatsächlich ist sie wahrscheinlich entstanden, als ein feminin wirkender Neandertaler, den man zur Jagd nicht brauchen konnte, zur Handarbeitsgruppe abkommandiert wurde, wo er durch abgefahrene modische Einfälle wie das Verzieren eines Büffelfellumhanges durch Warzenschweinschwanzapplikate bald von sich reden machte. Zwei Dinge passierten dann kurz nacheinander: Die Obermacker, die natürlich auch die stärksten Burschen waren, beanspruchten die Exklusivrechte für Warzenschweinschwanzapplikate an Büffelfellumhängen, ihre Lebensabschnittsgefährtinnen gaben unserem Urlagerfeld flugs den Auftrag, eine spezielle Exklusivmode für Obermackerpartnerinnen zu entwerfen, die zu Büffelfellumhängen mit Warzenschweinschwanzapplikaten passt. Irgendwann hatte unser Modezar die Faxen dick, er fühlte sich unterbezahlt und nicht genügend hofiert, dann schneiderte er sich erst einmal selbst ein Outfit, das ihn schon von Weitem als friedlichen Paradiesvogel auswies, Oberbekleidung aus hellem Hermelin, unten knallenge Kalbslederleggins, Pferdeschwanz und ein Sonnenschirm aus Pfauenfedern. Zu guter Letzt verließ er die Urhorde und verdingte sich zu weit besseren Konditionen bei der Konkurrenz, woraufhin die Weiber der alten Gruppe dem Chef ein ziemlich hartes Jahr bereiteten, was bei der geringen Lebenserwartung der Leutchen damals nicht wenig war. Unser Freund Karl der Erste kam bei seinem zweiten Job dann auf die geniale Idee, für jedes erlegte Mammut eine eigene Troddel anzunähen, etwas, was später das Militär in Form von Rangabzeichen und Orden kopieren sollte. Die Mode hatte Informationswert: Ranghohe und reiche Menschen trugen Klamotten, denen jeder ansah, dass ihr Träger am vorderen Ende der Nahrungskette stand, die Berufsgruppen folgten nach, z. B. Piraten mit ihrer typischen Kluft bestehend aus Kopftuch, Augenklappe, weit geschnittenem weißen Hemd mit offener Brust, Schärpe, Säbel, Kniehose und Holzbein. Dass der Piratenlook ähnlich wie das

Ritteroutfit oder der Musketierlook, aber auch Cowboy-
und Indianertrachten heute noch so populär sind, dass
sie gern als Karnevalskostüm von Menschen getragen
werden, die völlig anderen Milieus entstammen, hat
einerseits mit der Popularisierung dieser Figuren durch
Literatur und Film zu tun, zeigt aber auch, dass die jeweiligen unbekannten Designer einen richtig guten Job gemacht haben, denn das Piratenhemd oder der Military-
look sind echte Evergreens, geschlechterübergreifend.
Wie auch das Hawaiihemd, das Anfang der Dreißiger-
jahre in Mode kam und nach wie vor unterschiedlich re-
zipiert wird, mal als Ausdruck eines speziellen, weltmän-
nischen Lebensgefühls, mal als sicherer Unterschichtsin-
dikator, speziell bei Spiegellesern und -schreibern. Was
ich mir ganz sicher noch zulegen werde, ist ein glockig
geschnittener Lodenumhang mit kurzer Knopfleiste am
Halsausschnitt, und jedem, der mich fragt: »Was 'n
das?«, kann ich antworten: »Das nennt man Kotze«,
kleine Pause, »von althochdeutsch ›chozzo‹, grobes Woll-
stück.« »Und warum trägst du das?« »Wegen des Namens, aus diesem Grunde werden sogar häufig Ehen geschlossen, da kann ich mir doch wohl einen Lodenumhang kaufen!«

SIE Alter

Im Laufe des Lebens nimmt das Alter ständig zu. Das ist
auch besser als anders herum. Sonst wüsste man ja genau,
wann endgültig Schicht ist und die Geburtstage kämen
einem Countdown zum Abschuss ins Nirwana gleich.
Statistiker wären sicher begeistert von dieser Möglichkeit,
könnten sie doch exakt ausrechnen, wie viele Deutsche
es 2022 zu Beginn der Tagesschau noch gibt, und jeder

Einzelne wüsste ebenfalls genau, ob er noch dabei ist. Wer will das schon? Höchstens Bestatter, weil sie ihre Urlaubstermine über Jahrzehnte hinweg effizient planen könnten und statt der üblichen Trauerklöße lebhafte Kundschaft im Laden hätten, z. B. Frauen, die das Sortiment an letzten Chemisettchen nach etwas Vorteilhaftem durchwühlen würden, statt das kniepigen Verwandten zu überlassen. Natürlich bräuchten sie Umkleidekabinen, um vorher zu sehen, wie es nachher ausschaut. Männer würden ihre Trauerfeier sicher bis ins kleinste Detail planen, angefangen mit den Getränken bis hin zur Liste der ›personae non gratae‹, was für die Betroffenen einem Lokalverbot für den Friedhof gleichkäme.

Mehr Gedankenspiele brauche ich nicht, um das Älterwerden mit offenem Ende als gut, wenn nicht sogar hervorragend zu empfinden. Sehe ich von den Stimmungstiefs ab, die runde Geburtstage mit sich bringen, altern wir in aller Regel unmerklich vor uns hin, bis wir eines Tages plötzlich erkennen, dass die Abrissbirne der Zeit auch die eigene Fassade voll erwischt hat. Besonders Frauen tun sich schwer, von dem Gefühl Abschied zu nehmen, hochattraktiv und umwerfend begehrenswert zu sein, denn das heißt ja auch, »Ade Bikini, Minirock und Kleines Schwarzes«. Jetzt müssen figurformende Dessous her und Halstücher werden unter dem Gesichtspunkt der Schadensbegrenzung angeschafft. Zu allem Überfluss gewinnen ausgerechnet zu dieser Zeit Männer an Attraktivität, und das über die gleichen Verfallssymptome wie graue Haare und Falten. Wirkten sie bis dahin immer noch wie unreife Schulhof-Casanovas, strahlen sie nun zum ersten Mal Souveränität aus – manchmal. Und während wir still und ergeben, ganz selten auch laut und klagend durch das tiefe Tal namens Klimakterium stolpern, nimmt mancher Mann lieber Anlauf zu einem ›neuen‹ Leben mit einer Jüngeren und zeugt Kinder, die er dann als Opapa mit seinen Urenkeln zusammen in die

Kita bringt. Auf so was kommen Frauen nur in Büchern, vorzugsweise von Schweizer Autorinnen, und Frauen-zeitschriften. Die Normalfrau reizt eher, dass der Sex nun endlich von Folgen befreit ist, aber leider kaum noch stattfindet. Ich hoffe, Ihnen ist nicht entgangen, wie raffiniert der letzte Satz mit der Doppelbedeutung von ›reizen‹ spielt, einmal als ›interessieren‹ und dann als ›wütend machen‹. So gesehen greifen Frauen, wenn überhaupt, nur aus Notwehr zu einem jüngeren Lover. Es handelt sich also nicht – wie beim Mann – um eine Ernährungsumstellung, sondern um eine kleine Zwischenmahlzeit.

Jugend ist eine geile Angelegenheit – keine Frage, und Alter ist nichts für Weicheier. Spätestens ab der gefühlten Lebensmitte ist offensichtlich, dass Lebensstürme nicht nur am Nordpol tiefe Schneisen ins Gesicht meißeln. Auch unter der Schädeldecke wirbeln sie einiges an Erfahrungen und Wissen zusammen, mit dem man herausfinden kann, wie es geht, nicht immer die gleichen Fehler zu machen und dabei auf die eigene Fresse zu fallen oder zu kriegen. Psychologen nennen das die ›kristalline Intelligenz‹, und sie ist wohl der Grund dafür, dass es kaum ältere Leute unter den Selbstmordattentätern gibt.

Apropos Fresse, längst ist nachgewiesen, dass Anti-Falten- und sonstige Cremes rein gar nichts von dem ausrichten, was uns die Kosmetikwerbung gerne unter die schrumpelige Pelle jubeln möchte. Die äußere Hautschicht ist längst unempfänglich für diesen Schnickschnack, wie Midas Dekkers in seinem Buch ›An allem nagt der Zahn der Zeit‹ berichtet. Und darüber, dass nichts in die inneren Schichten eindringen kann, sollten wir heilfroh sein, denn das könnten Bakterien sonst auch. Statt also unfruchtbaren Acker zu düngen und Gurkenscheiben auf der Epidermis welken zu lassen, lehne ich mich bequem zurück und genieße die Vorteile, die zunehmendes Alter ohne Zweifel mit sich bringt, wie z. B. dicke wetterfühlige

Knie und Rückenschmerzen. Sie verschaffen mir eine Auszeit bei der Hausarbeitsroutine. Heute bügelt zur Abwechslung der Mann und mal sehen, was er sonst noch kann, vielleicht Kochen? In meiner neu gewonnenen Freizeit kann ich in aller Ruhe meine Krampfadern betrachten, den Oberarmhautlappen beim gemeinsamen Schunkeln zusehen oder einfach nur froh sein, dass ich kein Comeback als Boxer feiern muss, weil ich früher nie geboxt habe. Ich kann auch wieder studieren und Prüfungen bestehen, die ich für meinen Beruf gar nicht benötige. Ich brauche keinen Orgasmus mehr vorzutäuschen und prächtige Windbeutel backen – oder umgekehrt. Ich muss auch nicht mehr den richtigen Mann finden, sondern kann mir meinen eigenen schönsaufen.

In allem Schlechten sollen wir das Gute suchen, empfiehlt uns der Talmud. Die sensomotorischen Fähigkeiten lassen zwar langsam nach, ich kann nicht mehr so schnell laufen wie früher, aber dafür entdecke ich den Euro, der mir von unter einem Grasbüschel entgegenblinkert. Ich vertrage auch nicht mehr so viel Alkohol, das spart eine Menge Geld und vertreibt die Angst vorm Blasen – bei Alkoholkontrollen. Mein Auto bewege ich längst nicht mehr so rasant, dafür sehe ich mehr von der Landschaft. Für die Entdeckung der Langsamkeit sind die besten Jahre das Alter, was Frauen beim Sex besonders entgegenkommt. Statt: ›Bist du etwa schon fertig?‹ heißt es jetzt: ›Hat es noch Zweck zu warten, Schatz?‹

ER Alter

Einen der schönsten Sätze über das Alter hat Fontane geprägt: Das Alter hat viel Hässliches und Dummes, aber ein Gutes hat es wohl: Es nimmt alles nicht mehr so wichtig und man kann es so machen oder auch so. Wunderbar. Was er meint, ist die Altersmilde, die sich mit den

Jahren einstellt, wohlgemerkt meist nur bei Männern. Wie so vieles ist auch dieses Phänomen hormongesteuert. Unser Testosteronspiegel sinkt mit zunehmendem Alter, und das weibliche Hormon, das Östrogen, gewinnt die Oberhand. Bei der Frau verläuft der Prozess genau umgekehrt: Der Östrogenspiegel sinkt und das Testosteron, das Kämpferbenzin, wenn man so will, dominiert. Das ergibt dann die berüchtigten zänkischen alten Weiber. Wahrscheinlich ist genau das die Erklärung dafür, dass Männer eine um sieben bis acht Jahre geringere Lebenserwartung haben. Also: Güte, Sanftmut, Milde, Harmoniebedürfnis nehmen beim alternden Manne zu – diesen Satz lassen wir mal so stehen und lernen ihn auswendig.

Je älter man wird, desto lieber schwelgt man in Erinnerungen. Sie sind, wie Jean Paul sagt, das einzige Paradies, aus dem wir nicht vertrieben werden können. Und der Schatz der gesammelten Erinnerungen nimmt zu, man hat immer mehr zu erzählen, deshalb ein ganz wichtiger Rat: Maß halten! Manche Silberrücken können einem mit den alten Schmarren gehörig auf den Zeiger gehen, zumal es immer dieselben Schoten sind. Der Best-Ager stellt sich offenbar eine Anekdoten-Hitparade seines Lebens zusammen, die er jedes Mal in Gesellschaft abspult, weil er sich natürlich nicht mehr merken kann, wen er damit schon genervt hat und wen nicht. Es ist ja eher das Kurzzeitgedächtnis, das nachlässt, und das hat die Natur wieder ganz pfiffig so eingerichtet, denn was man im Alter erlebt, ist meist eh nicht des Behaltens wert. Was auch nachlässt, ist die Anpassungsfähigkeit an die Neuzeit.

Ich bin keiner, der sich grundsätzlich gegen den wissenschaftlichen Fortschritt stemmt, aber moderne Geräte berauben uns oft gänzlich jener Glücksmomente, die uns die alten schenkten. Nehmen wir nur alte mechanische Waagen. Manchmal, in alten Hotels, findet man sie noch. Erst mal kann man mit der Stellschraube vor null gehen, also ein halbes Kilo wegschummeln, ein weiteres

Kilo ist durch behutsame Gewichtsverlagerung drin, und wenn man sich bis zuletzt am Waschbecken festhält und dann ganz vorsichtig loslässt, noch mal ein Pfund. Meine Frau hob sogar immer ein Bein, bis ich sie mit der physikalischen Faktenlage vertraut machte.

Wissen Sie übrigens, woran Sie ohne Waage merken, dass Sie zugenommen haben? Wenn Sie nach dem Essen den obersten Knopf der Hose aufmachen wollen und er ist schon auf.

Ein anderes Problem unserer hochtechnisierten Umwelt ist, dass die Geräte immer mehr können, warum auch immer, und dass es immer komplizierter wird, sie dazu zu bringen, ihren eigentlichen Aufgaben nachzukommen. Die Bedienungsanleitung eines heutigen Handys stellt für mich keine Herausforderung dar, sie lässt mich gleich das Handbuch schmeißen. Ich bin aber nicht der einzige Blöde. Viele Menschen möchten sich nach einer Show gerne mit mir zusammen fotografieren lassen, mit ihrem Handy oder ihrer Digitalkamera. Zu diesem Zweck drücken sie ihr neues Wunderding einem Unbeteiligten in die Hand, geben Anweisungen, denen er nicht folgen kann, suchen ein neues Opfer, stellen dann fest, dass die Maschine ein kleines Video gedreht hat, statt einen Schnappschuss zu machen usw. All das erinnert mich daran, dass ich meinen Eltern vor vielen Jahren einen Anrufbeantworter schenkte, weil sie viel spazieren gingen und es dann immer hieß: Nie rufst du an. Natürlich wollten sie das Teil nicht, sagten: Das verstehen wir nicht, lass uns damit in Ruhe. Ich sagte: Es ist ganz einfach, ihr drückt diesen Knopf und sprecht eine Nachricht wie »Wir sind nicht da und rufen zurück, sprechen Sie Namen und Rufnummer nach dem Pfeifton.« Nächsten Tag habe ich angerufen, um zu sehen, ob alles geklappt hatte, um dann Folgendes zu hören:

Der Junge hat gesagt, du sollst den Knopf drücken und sprechen, jetzt halt doch mal den Mund, ich weiß genau,

was ich tue ... piiiiep. Haben Sie früher, bevor es Anrufbeantworter gab, auch immer, wenn Sie Ihrer Partnerin bei-
wohnten, den Hörer neben das Telefon gelegt und die 1
gewählt? Ich hab das immer gemacht, aber ich hatte
dann immer so ein blödes Gefühl, wenn ich von unter-
wegs zu Hause anrief und es war besetzt. Sex gehört auch
unbedingt zu den Dingen, die weniger werden. Er ist
nicht mehr so wichtig, man ist nicht mehr so darauf fi-
xiert wie in der Jugend. Oder lassen Sie es mich in der
Fußballersprache sagen: Wenn der Ball auf mich zu-
kommt, dann stoppe ich ihn und verwandle, aber ich
gehe keine weiten Wege mehr.
Zu den Dingen, die häufiger werden, zählen Arztbesuche.
Bei jedem Check-up wird etwas Neues festgestellt: erhöh-
ter Cholesterinspiegel, Blutdruck, Zuckerwert und dann
heißt es immer: Versuchen Sie abzunehmen, stellen Sie
Ihre Ernährung um und treiben Sie Sport. Ernährungsumstellung ist Unsinn.
Da heutzutage sowieso alles, was man zu sich nimmt, zu
irgendeiner gesundheitlichen Schädigung führt, wenn
man den Zeitungen glauben darf, bedeutet Essen nicht
mehr nur aussuchen, was einem schmeckt oder was am
wenigsten dick macht, sondern vor allem die Krankheit
wählen, die einem am wenigsten ausmacht. Und da die
Schreckensmeldungen sich nahezu im Monatstakt dia-
metral widersprechen, habe ich die Lektüre entsprechen-
der Artikel völlig eingestellt. Aber als diese Art der Volks-
aufklärung begann, war ich sehr aufgewühlt. Nehmen wir
als Beispiel Kaffee. Kaffee greift, sagte man irgendwann,
Herz und Magen an und das Koffein hält dich wach, sodass du Herzinfarkt und Magendurchbruch bei vollem
Bewusstsein erlebst. Dann die Frage: Zucker und Milch?
Milch bringt, hieß es, dich um, weil sie deinen Cholesterinspiegel erhöht und ist auch nicht so gut für den Magen, wie man immer dachte, Zucker ist ein Kalkräuber,
ruiniert dein Gebiss und verursacht Diabetes, also griff

man zum Süßstoff. Da gab es damals zwei Sorten, Aspartam und Saccharin. Aspartam stand irgendwann im Verdacht, Gehirntumore zu begünstigen, Saccharin sollte Blasenkrebs verursachen, und da war natürlich die Frage: Was ist im Alter wichtiger, Denken oder Pipimachen? Nun kenne ich Leute, die nicht mehr gut pinkeln können und noch tadellos bei Verstand sind und was machen die? Denken den ganzen Tag nur ans Pinkeln. Und ich kenne andere Leute, die können toll pinkeln, der IQ übersteigt zwar die Körpertemperatur nur unwesentlich, aber sie wirken eigentlich total glücklich.

Heute, wo die Werbung ganz anders zur Sache geht als früher, würde Aspartam sicher folgendermaßen werben: Nimm Aspartam, denn Pinkeln ist schöner als du denkst.

Sport ist auch keine Lösung. Ich habe Joggen probiert, erst mal wegen Joschka Fischers gutem Beispiel und weil es hieß, Jogger werden nach einer gewissen Zeit high. Niemand konnte mir allerdings sagen, wie das genau ist, high werden vom Laufen. Also wenn es bedeutet, sich selbst vollzukotzen und dann zu kollabieren, weiß ich es jetzt.

Was auch zunimmt im Alter, ist der Platz, den, wenn man verreist, im Koffer die Medikamente einnehmen. Ich probiere auch ständig neue Kombinationen von Medikamenten aus, einfach, um das Optimale für mich zu finden. Die Wirkung ist natürlich oft nicht vorhersagbar. Wenn Sie z. B. ein Laxativum, ein verdauungsförderndes Mittel, mit einem Barbiturat, einem Schlafmittel, kombinieren, sind zwei Dinge möglich: Sie schlafen auf dem Klo ein oder Sie machen ins Bett.

Ich gehe auch immer seltener in Kneipen, stattdessen können Sie mich immer öfter in Konditoreien antreffen. Es ist ungefährlicher. In einem Café werden Sie nie den Satz hören: Was glotzt'n so blöd, willste was auf die Fresse? Es läuft auch keiner rum und rammt einen von hinten, wenn man gerade ein Bier am Hals hat, es ist insgesamt ruhiger, kontemplativer, friedvoller. Und die Gespräche vom Nebentisch, die man ungewollt mit anhört, sind interessanter. Letztens saßen links von mir zwei alte Damen, hatten eine riesige Kuchenplatte vor sich und die eine erzählte vom Ableben ihres Gatten: Also wir sitzen da und gucken Florian Silbereisen und Opa steht auf und will ein anderes Programm einstellen, und er ist fast da und kippt um. Herzschlag, hat der Arzt gesagt. Und er hat noch Glück gehabt. Zwei Zentimeter weiter links und er hätte sich beim Fallen an der Tischkante noch den Schädel gebrochen. Furchtbar. Wenn wir die Fernbedienung nicht verlegt hätten, wär das nicht passiert.

Und dabei haute sie sich die Schwarzwälder Kirschtorte rein, dass es nur so spritzte. Offensichtlich erleichtert Essen das Fertigwerden mit Schicksalsschlägen. Ich hab jetzt immer was bei, für alle Fälle. Wenn jemand zu mir sagt: Stellen Sie sich vor, meine Frau ist gestorben, kann ich sagen: Oh, das tut mir leid, kommen Sie, nehmen Sie ein Bifi.

SIE Wellness

Wohlfühlen hat mir immer schon gut getan. Alles, was ich dazu brauche, ist Wasser. Je mehr, desto besser. Als ich endlich schwimmen gelernt hatte, wollte ich aus dem Wasser gar nicht mehr raus. Wasser ist Leben, heißt es, und das stimmt. Schauen Sie sich bei sommerlichen Temperaturen an Sandstränden und in Badeanstalten um, da sehen Sie manchmal vor lauter Leben das Wasser nicht mehr.

Daran hat sich nicht viel geändert, aber als ich meiner achtzigjährigen Mutter erzählte, dass ich mit meiner Freundin ins Wellnesswochenende fahre, um mich ein bisschen verwöhnen zu lassen, hat sie mich ziemlich schräg angeguckt. »Von wem?«, fragte sie knapp. »He, was du wieder denkst, dazu brauchen wir keinen Mann«, lachte ich. Jetzt schaute sie noch dramatischer und fragte ernst: »Kind, hast du Probleme?« Ich erklärte ihr, dass man nicht unbedingt Probleme haben muss, um Wellness zu machen, sondern dass wir unsere Gesundheit und unser Wohlbefinden fördern wollen. »Bist du krank?«, kam mütterlogisch die nächste Frage auf den Seziertisch. »Quatsch, mir geht's gut, ich möchte nur ein Wochenende lang relaxen, im Sprudelbad sitzen und massiert werden, Schönheitspackungen im Duftrausch genießen und das Fitnessangebot ausprobieren.« »Und was kostet das?«, fragte sie kaum erleichtert. »Weiß ich nicht genau«, antwortete ich wahrheitsgetreu, »hängt davon ab, wie intensiv wir uns verwöhnen lassen. Wahrscheinlich so um die 300–400 Euro.« »Für jeden?«, hakte sie trocken nach. Ich nickte. »Du hast doch 'nen Vogel«, meinte sie abschließend und ging kopfschüttelnd weg.

In der Tat, als wir sonntags abends heimfuhren, hatten auch wir das Gefühl. Wir fragten uns, wie wir so lange ohne Wellness ausgekommen waren. Bis uns einfiel, dass wir daran ja gar keine Not hatten, es hieß früher nur anders. Wäre uns der neue Fachausdruck von klein auf geläufig gewesen, hätten wir doch stolz auf ein bis dahin erfülltes Wellnessleben zurückblicken können, gespickt mit Badespaß, Massagen, Kosmetik und Fitness am laufenden Band. Wir hatten nur noch nicht alles auf einmal unter einem Dach und für so viel Geld gemacht wie in unserem Wellnesshotel. So komprimiert kann Wohlfühlen ähnlich anstrengend werden wie Warten. Natürlich ist es wunderbar, die tägliche Arbeit an der eigenen Schönheit mal jemand anderem zu überlassen, massiert, gecremt, gesalbt und mit positivem Gedankengut überhäuft zu werden. Keine Frau möchte auf so was verzichten. Was aber, wenn sich sämtliche Gespräche rundherum ausschließlich um die Probleme alternder Haut, die Länge von Fingernägeln und anderen Gliedmaßen drehen, als gäbe es nichts anderes mehr? Ich komme mir da schnell wie unter Fachidioten vor. Die zu besichtigenden Herren in Bademänteln und -latschen mit Joghurtcreme im Gesicht und grünschwarzem Kurschlamm auf dem vom Haarvolk dünn besiedelten Kopf liegen wenigstens still auf ihren Ruheliegen und sehen obendrein putziger aus. Aber auch sie drehen voll auf, wenn es heißt, mangelnde Ausstrahlung gegen mangelnden Verstand einzutauschen. Einer ließ sich doch tatsächlich zu einem Do-it-yourself-Peeling überreden, bei dem er sich unter der Dusche selbst abrubbeln musste. Dafür hat er auch noch vierzig Euro hingeblättert.

Beneidenswert lässig und amüsiert waren dagegen die von ihren hyperhormonisierten Endfünfziger-Heroes verlassenen Ehefrauen in die Eventbadewannen gestiegen. Wohl klugerweise nicht mit der erneuten Obligation zum Glücklichmachen im Hinterkopf, sondern der zum selber glücklich werden. Die Auswahl an Freude spendenden Erlebnissen für mittelalterliche Frauen ist, glaube ich, der wahre Sinn von Wellness. Delfin- oder Kellnerreiten, Königinnenbad in warmer Ziegenmilch mit anschließender Isis-Massage, ›Mach es mir‹ mit heißen Steinen auf dem Rücken oder Klangschalen, auch wenn sie von einem Asiaten angeschlagen werden, der dabei Heiratsanzeigen lesend seinem eigenen Rhythmus folgt. Unser Fazit war jedenfalls: Professionelle Wellness nehmen wir in Zukunft nur noch in Anspruch, wenn jemand anderes dafür blechen muss.

Das Wochenende darauf sind wir – wie gewohnt – morgens in unsere Therme und danach lecker Essen gegangen, den Beauty- und Massageteil haben wir uns in aller Ruhe am Nachmittag gegenseitig gemacht. Das war alles in allem erheblich preiswerter, lustiger und dauerte nicht so endlos lange, weil wir ja immer sofort dran

waren. Ein Jahr später behauptete meine Freundin jedoch, die richtige Wellness, also die Ganzheitliche, hätten wir noch gar nicht kennengelernt, weil dieses grund-
legende Verständnis von Körper, Seele und Geist den
Europäern samt ihrer Medizin abgeht. Bald darauf landeten wir in Indien. Ayurveda. Hier ging es auch mit
einem Körperpeeling los, allerdings von innen. Beim Ayurveda beginnt Schönheit im Darm. Der wird so lange
aus den zwei möglichen Richtungen geflutet, bis alle
Gifte restlos rausgespült sind. Nach dieser kräftezehren-
den Reinigungsprozedur wurden wir zitternden und
ausgehungerten Mitteleuropäer wieder häppchenweise
aufgepäppelt, mit einer Kost, die – wenn ich das richtig
verstanden haben – die im Körper vorhandenen Energie-
verteilungsorganisationsgrundlagen wieder aufs richtige
Gleis setzt und manchmal sogar schmeckt. Dazu Bäder,
Stirngüsse mit warmem Sesamöl und vierhändige Ent-
schlackungsmassagen; all das war einzigartig wohltuend. Zuletzt wurden wir noch zwei Tage im Sand ver-
graben – zur Reststressbekämpfung hieß es. Eine einfa-
che, aber fundamental wirkungsvolle Maßnahme. Man
wird entweder verrückt oder sorgenfrei. Wir entschieden
uns für das Zweite und fühlten uns anschließend wie
neugeboren. Allerdings nur kurz, denn leider war des
Gurus Heilstätte zu nahe an einer Zinkverarbeitungs-
stätte gelegen und wir erfuhren bei einer zufälligen Rou-
tineuntersuchung, dass wir kontaminiert waren, mit
Zink- und Bleiwerten über unserem Vorstellungsvermö-
gen. Wir brauchten mehrere Fachärzte, um wieder mal
anstandslos durch die Sicherheitskontrollen auf dem
Flughafen zu kommen. Nichts gegen Ayurveda, aber
seitdem ist das Thema Wellness aus meinem Kopf so gut
wie weggepeelt.

ER Wellness

Als ich begann, mich mit diesem Thema zu befassen, dachte ich, das müsste alle interessieren. So ist es offenbar nicht. Wellness ist etwas für Frauen und metrosexuelle, also mental angefraute Männer. Seit den Fünfzigerjahren steht es in den USA als Oberbegriff einer Gesundheitsbewegung, nachdem es bei uns angelangt ist, steht es für eine Abzocke ganz großen Stils. Die Branche setzt geschätzte 73 Milliarden Euro jährlich um. Es gibt Wellnesswurst, Wellnessbrötchen, diesen Menschen gehört eine Tracht Wellnessprügel verabreicht, aber mit Anlauf, und das würden sie dann begeistert als noch eine weitere Art des Wellnesstreatments aufgreifen und es für 90 Euro in einem der zahllosen Wellnesskataloge anbieten. Wenn man sich ein wenig ins Vokabular eingelesen hat, fällt einem Shakespeare ein: Viel Lärm um nichts. Für Werbefuzzis ist der ganze Zinnober natürlich das reinste Kinderparadies, da können sie richtig auf die Kacke hauen. Schauen wir mal:

Wofür würden Sie – gefühlsmäßig – lieber Ihre sauer verdienten Öcken verbrennen, für sommerliche Kuscheltage, einen zitrusfrischen Wellness-Quickie, Schnupper-Relaxen oder »Wie neugeboren im Schloss«? Jetzt fragen Sie mit Recht, was verbirgt sich hinter diesen vollmundigen Angeboten, die man so ähnlich auch in einem Katalog für sexuelle Dienstleistungen finden könnte? Ja, wenn es das mal wäre, wenn der zitrusfrische Wellness-Quickie ein schnelles Nümmerchen wäre, wo man der Dame als Vorspiel ein Zitronensorbet mit einem Schuss Wodka aus dem Nabel nuckeln dürfte, ohnehin für mich der John Wayne unter den Nachspeisen, da könnte man mit mir auch über Geld reden. Oder »wie neugeboren im Schloss«, da stelle ich mir vor, der gestresste Topmanager, der die ganze Woche Leute zusammenscheißt, wird am

Wochenende auf einem alten Rittergut, wo das Käuzchen noch selber schreit, von einer postklimakterialen Domina gepampert (kein Druckfehler!), darf sich dann schön einsauen und kriegt zur Strafe den Hintern voll, auf Wunsch auch vom ungeschlachten Stallburschen persönlich, aber hallo. Nicht mein Ding, aber für den entsprechend gepolten Kundenkreis sicher ein Knaller. Für den Wellnesskunden verbirgt sich hinter all dem Gesäusel immer das Gleiche, Hotelübernachtung, Pool und Saunabenutzung und irgendeine sogenannte Anwendung, günstigstenfalls werden sie von kundigen Händen massiert, dafür muss man aber nicht wegfahren, meist jedoch werden Sie, um den bestürzenden Preis zu rechtfertigen, mit irgendwas beschmiert und es gibt wirklich keine verstreichbare künstliche oder natürliche Emulsion, die vor diesen Leuten sicher wäre.

Da hätten wir einmal die Hot Chocolate Massage. Ich zitiere wörtlich, damit die sprachlichen Feinheiten nicht verloren gehen: Wohlriechende, zarte Düfte umschmeicheln Sie während Ihrer Hot Chocolate Massage. Der wohlriechende Duft wäre meinem Deutschlehrer als Tautologie oder Pleonasmus wohl sehr übel riechend aufgestoßen, aber weiter: »Sie werden mit Kakaobutter massiert. Das Edelste aller Pflanzenfette hat seinen Schmelzpunkt bei 38° Celsius, was auch der eigenen Körpertemperatur entspricht.« Das edelste aller Pflanzenfette wollen wir zunächst mal klein schreiben, und dann ist wohl nicht die eigene Körpertemperatur, das wäre ja die des Fettes, nun hat das Fett aber keinen Körper, sondern die menschliche Körpertemperatur ist gemeint, und die sollte mal schön bei höchstens 37° Celsius liegen, sonst hat der eigene Körper nämlich Fieber. Aber weiter im Text: »Die beruhigende Stimulanz der Schokolade überträgt sich auf Ihre Haut.« So was nennt der Germanist Contradictio in adjecto, Widerspruch im Beiwort, denn Stimulanz bedeutet immer noch Anreiz, Antrieb und hat mit Beruhigung nichts am Hut. »Einzigartig ist das Erlebnis der warmen Ströme des stimulierenden und sanften Verteilens. Unter den massierenden Händen entsteht ein emotionales und optisches Kunstwerk: die Schokoladenseite ihrer Haut.« Was der Dichter uns damit sagen will, wird er wohl als Geheimnis mit ins Grab nehmen, aber sprachlich fühle ich mich sehr in der Nähe dieser lustigen Betriebsanleitungen für elektronische Geräte aus fernöstlicher Fertigung, man erzielt denselben Effekt, wenn man sich bei Google eine englische Seite auf Deutsch übersetzen lässt. Also wenn die Leute so massieren, wie sie formulieren, kann ich nur abraten. Die Wellnesser können aber auch noch einen Zacken schärfer. O-Ton: Bei ihrer exklusiven Goldmassage in Berlin handelt es sich um eine Chi-Yang-Massage, die traditionelles chinesisches Wissen mit westlicher Kosmetik verbindet. Ihr Luxus-Erlebnis wird mit einem Glas Prosecco (es kommt also auch noch italienische Winzerkunst dazu!) und einem kurzen Vorgespräch eröffnet. Danach wird hochwertiges Öl, mit Inhaltsstoffen aus 22-karätigem Gold, Ihren Körper verwöhnen. Die Zeichensetzung lassen wir jetzt mal außen vor, und dass ein Erlebnis eröffnet wird, kommt auch nicht alle Tage vor, aber wie das Öl mich verwöhnen will, so ohne fremde Hilfe, das beginnt mich doch fast zu interessieren. Selbstverständlich können Sie sich auch Honig auf den Balg schmieren lassen, oder Sie machen Aqua-Wellness, das geht so: Ein Therapeut trägt den Kunden (Patienten) durch cirka 35°–38° warmes Wasser. Das ist ja praktisch, da würde auch die Kakaobutter wieder von einem abschmelzen! Entschuldigung, weiter: Durch das getragen werden entsteht ein völliges loslassen, offenbar auch von der Groß- und Kleinschreibung. Hierauf baut sich Ur-Vertrauen und Geborgenheit auf. Bauen sich auf, aber o. k. Der Geist macht eine Reise zu neuen

Bewusstseinsdimensionen. Offenbar ist der Schreiber schon öfter durchs Wasser getragen worden.

Ich würde Ihnen noch sehr gerne die Aromagrotte ans Herz legen, nicht nur, weil ich beim Lesen des Wortes auf der Stelle von lustigen Assoziationen heimgesucht wurde, sondern weil die Unverfrorenheit des ganzen Unterfangens recht deutlich wird: Die Aromagrotte bezeichnet eine Dampfbad-Art mit warm-feuchtem Klima bei einer Temperatur von 45°. Der Raum ist mit Kräuterdämpfen gefüllt und fördert die Durchblutung, baut Stress ab und löst Muskelverspannungen. Tüchtiger kleiner Raum! Da die Temperaturen jedoch weit unter denen der Sauna liegen, können in Aromagrotten nicht die gleichen Ergebnisse erzielt werden. Es ist die leichte und entspannende Art, eine Harmonie zu erreichen. Sehr gut geeignet für Menschen, die große Hitze nicht sehr gut vertragen. Im Klartext: Hier haben auch Weicheier die Möglichkeit, sich über den Tisch ziehen zu lassen.

Einen Vorwurf kann man den Wellnessfredis nicht machen: mangelnden Einfallsreichtum. Sie können sich im Floating-Tank, auch Samadhi oder Meditationstank genannt, in körperwarme Salzlake stecken lassen, schön eng und dunkel, das ist etwas für Leute, die schon bei der MRT Panik schieben, sie können sich in nasses Heu wickeln lassen, oder wie wäre es mit einer Lomi-Lomi Massage. Zwei Stunden lang werden sie unter reichlich Öleinsatz bearbeitet und dies zu hawaiianischer Musik. Eine Therapeutin sagt: »Es ist jedes Mal faszinierend und schön zu sehen, wie die Person nach einer Lomi Lomi vor allem im Gesicht gelöst und weich ist, und ich in strahlende, klare Augen blicken kann.« Könnte das nicht einfach Erleichterung sein, dass es endlich vorbei ist?

SIE Weihnachtsgeschenke

Als ob das Weihnachtsfest nicht schon genug Nerven
kostet, kommt auch noch das Schenken hinzu. Was
kriegt man nicht alles geschenkt – zum Haareausreißen.
Mit den schlimmen Geschenken fing es bei mir schon
ganz früh an. Statt der Buntstifte, die ich mir vom Weihnachtsmann gewünscht hatte, bekam ich im zarten Alter
von sechs Jahren ein Schminkset, bestehend aus Lippen-
stift, einem Töpfchen Rouge und einem kleinen Taschen-
spiegel. Im ersten Augenblick war ich wirklich erfreut,
weil ich glaubte, meiner Mutter nun nicht mehr heimlich die Schminkutensilien entwenden zu müssen. Aber
als ich feststellte, dass der ganze Kram nur aus Plastik bestand, also auch der rote Stift im Gehäuse und der Rou-
geklecks im Töpfchen, bekam ich meine erste Depres-
sion. Das war ja wie Klopapier, mit dem man sich den
Popo nicht abwischen kann. Zwei Jahre später bekam ich
vier Meter Wollstoff, 1,80 m breit, in schwarz-weißem
Hahnentrittmuster von meiner Tante geschenkt. Was
kann man damit machen, wenn man kein Hahnentrittmuster mag und nicht schneidern kann?
Etwas Klopapier? Dafür war die Wolle zu kratzig.
Schenken macht Freude. Es setzt Glückshormone frei,
zumindest beim Schenkenden. Was dagegen im Kopf des
Beschenkten freigesetzt wird, steht auf einem ganz anderen Blatt. Ich habe noch nie jemanden sagen hören:
»Was ist das denn fürn Mist. Pack das bloß schnell wieder weg!« Stattdessen heuchelt man brav Freude und
lässt sich seine Verwunderung darüber, dass es solchen
Schwachsinn überhaupt gibt, nicht anmerken. Schön

verpackt machen alle Geschenke noch Freude. Schade, dass man vorher nicht weiß, was drin ist, denn das Meiste hätte ich lieber verpackt gelassen, wie z. B. den Designer-Korkenzieher, den mir ein Freund zu Weihnachten mitbrachte. Korkenzieher kann man ja nie genug haben, und dieser stellte sich sogar als Mehrzweckkorkenzieher heraus. Gleich beim ersten Einsatz beförderte er den Korken in die Flasche und einen nicht unbeträchtlichen Teil des Weines auf mein neues, strahlend weißes Kleid aus feinster Wolle, was mich nicht weiter störte, aber der Wein war wirklich ein ausgezeichneter Tropfen. Inzwischen hab ich eine Möglichkeit entdeckt, wie ich diesen Lifestyle-Oberhammer in mein Leben integrieren kann. Ich bitte überhebliche Alleskönner, die bei mir zu Gast sind, beiläufig, den Wein zu öffnen. Das sind jedes Mal prickelnde Momente, wenn den Herrschaften bei ihren Bemühungen die Adern auf der Stirn und am Hals dick hervorquellen. Die drei häufigsten Sätze hinterher lauten: Das muss kaputt sein!, Ist heute nicht mein Tag, und Der ist wohl für Linkshänder!

Kritische Geschenke für Frauen sind neben Werkzeug und Sportfelgen auch Parfüm und Kleidung. Sie eignen sich aber gut für Männer, die zu bequem sind, selber einkaufen zu gehen, also Ehemänner. Letztens legte ich meinem Anti-Versorgungsmufti zur Abwechslung mal eine wasserlösliche Badehose unter den Gabentisch und fieberte dem Tag ihres ersten Einsatzes entgegen. Anfang Januar gingen wir ins Hallenbad der Ruhr-Universität. Ich war zum ersten Mal eher aus der Dusche und wartete schon auf dem 1m-Brett wippend, als er die Halle betrat und erst mal seine hässliche Schwimmbrille auf die Augen montierte. »Fang mich«, rief ich noch, bevor ich mit einem verunglückten Hechtsprung auf dem Bauch im harten Nass landete, und das tat er. Tauchend konnte ich beobachten, dass der in einem Sexshop erworbene Artikel sein Versprechen hielt. Davon konnten sich auch alle

anderen Badegäste überzeugen, als mein Held im Nicht-
schwimmerbereich den Handstand machte. Nur an seinem Hintern hingen noch einige Fetzen Stoff. Das war eigentlich mein schönstes Geschenk. Nachtragend, wie er
ist, bekam ich zum nächsten Fest einen Bikini. Ich aß ihn
vorsichtshalber sofort auf. Er war lecker, bestand aus
rotem Weingummi, meine Lieblingssorte.

Nun aber mal Scherz beiseite, die schönsten Geschenke
sind doch die, die der Zufall macht, wenn z. B. über die
Feiertage das Finanzamt abbrennt, ohne dass dabei jemand zu Schaden kommt.

ER Weihnachtsgeschenke

Meine These: Weihnachten ist ein Fest für Frauen und
Kinder. Früher hieß es:

Weihnachten ist das Fest der Liebe. Vergessen Sie es.
Weihnachten hat mit Liebe so viel zu tun wie Sex mit
Spaß, aber das gehört eigentlich zum Thema Alter. Weihnachten ist Stress pur. Krieg der Geschenke. Deswegen
fragt man ja hinterher: »Was hast du gekriegt?« Jetzt können Sie einwenden: Was ist schlimm daran, dass ich an
einem bestimmten Tag des Jahres zuverlässig mit Geschenken rechnen darf? Genau das, ich würde es auch
anders formulieren, nämlich: Sie müssen mit Geschenken rechnen. Und deren Nebenwirkungen, als da sind:
Enttäuschung, Horror vor dem Umtauschstress, Ärger
über die schauspielerische Leistung, die Ihnen abverlangt
wird (»Oh toll, eine Krawatte!«, und in Gedanken weiter:
»... die brauche ich so nötig wie ein Furunkel am Hintern!«), Entsetzen, das sich einstellt, wenn man beim ab-
schließenden Kassensturz feststellt, dass man wieder mal
erheblich draufgelegt hat usw., usw. Besonders toll sind
Gutscheine. Da wird einem zusätzlich noch eine Eigen-
leistung aufgebrummt. Z. B. ein Wochenende in einem

Wellnesstempel, wo ich allen Ernstes bei 90 Grad meinen Körper den abschätzigen Blicken anderer Übergewichtiger aussetzen soll, Menschen unterschiedlichsten dermatologischen Zustandes, da ist Fußpilz noch das geringste Souvenir, das man mit nach Hause nimmt. Da lasse ich doch lieber Umwelt Umwelt sein, dreh die Heizung hoch und lese ein Buch, das ich schon lange mal lesen wollte. Das wäre wirklich mal ein origineller Gutschein für einen Burn-out-Kandidaten: einfach ein Zettel, wo draufsteht: Hiermit erlaube ich Dir, drei Stunden in Deinem Lieblingssessel zu sitzen, leise Musik zu hören und zu lesen und das alles ohne schlechtes Gewissen und ohne einen Gedanken daran zu verschwenden, was Du eigentlich noch alles erledigen müsstest!« Aber der wäre natürlich auch beleidigt, weil dieses Geschenk ja nichts kostet.

Ich habe mich oft gefragt: »Wer hat eigentlich mit diesem ganzen Geschenkeunsinn angefangen?« Und dann kam ich drauf: Es waren Kaspar, Melchior und Balthasar, die Heiligen Drei Könige, die bekanntlich einem Stern gefolgt waren, der sie nach Bethlehem zur Krippe leitete, und dort Geschenke ablieferten, Gold, Weihrauch und Myrrhe. Gold ist o. k., wobei sich natürlich die Frage stellt, wieso Josef nicht umgehend ein schönes Zimmer für seine Lieben nahm, Bethlehem-Interconti, Fürstensuite. Weihrauch, gut, heute wissen wir, er enthält psychoaktive Stoffe, u. a. THC, das Rauschmittel, das sich auch in Cannabis findet, das kann man als Geschenk auch noch durchgehen lassen, aber Myrrhe? Ein rötliches Gummiharz, wie Weihrauch auch, das als Heilmittel verwendet wurde, wirkt angeblich gegen Bronchitis und Darminfektionen, und als Tinktur auch gegen Paradontose. Außerdem regt Myrrhe die körpereigene Produktion von Pheromonen an, Sexuallockstoffen. Also dass ein Kind, das mal Heiland werden soll, also u. a. auch sittliches Vorbild, zur Geburt schon etwas geschenkt bekommt, was die Weiber scharf machen soll, erkläre mir mal einer. Ich als Jesuskind hätte gesagt: Schiebt euch die Myrrhe sonst wo rein (sh. Darminfektionen), ich will ein Fahrrad.

Nun will ich beileibe den Kindern die Weihnachtsgeschenke nicht wegnehmen, und ich möchte auch um keinen Preis die Erinnerung daran missen, wie ich als Kind für dumm verkauft wurde, dass mich hier niemand falsch versteht!

Als ich klein war, war Heiligabend der Aufreger des Jahres. An Schlaf war Tage vorher schon nicht mehr zu denken, mein Vater verließ gegen halb vier mit mir die Wohnung, um »das Christkind suchen zu gehen«, wie es hieß. Tatsächlich gab es meiner Mutter Gelegenheit, die Christbaumkerzen anzuzünden, die bunten Teller herzurichten, die Geschenke nach Empfängern getrennt unter dem Baum zu verteilen, die Wohnzimmertür zu verschließen, um mich dann, wenn wir von unserer – ergebnislosen – Christkindsuche zurück waren, in der Küche noch etwas schmoren zu lassen. Kurz vor dem Herzstillstand klingelte sie dann mit einem Glöckchen und ich durfte rein. Der erste Blick galt meinem Geschenkestapel, dann folgte ein weiteres von etlichen Ritualen, die niemanden weiterbringen, ich begleitete unsere einzige Weihnachtslangspielplatte komplett auf der Blockflöte, A-Seite und B-Seite, dann erst hieß es endlich: »Na, dann guck doch mal, was das Christkind gebracht hat!« In den frühen Jahren waren das der jeweils neueste Prinz-Eisenherz-Band, gezeichnet von Hal Foster, weiteres Personal für die Ritterburg, für das Kasperletheater, Cowboy- und Indianer-Figuren, später dann Karl-May-Bände, die Sagen des klassischen Altertums, eine Staffelei usw. Sie sehen schon, eine elektrische Eisenbahn war nie mein Ding, überhaupt nichts Technisches. Auch das ein Hinweis darauf, dass der Schöngeist in mir genetisch bedingt ist.

Ähnliches lief dann noch mal an Ostern ab, aber es war natürlich kein Vergleich.

Ich denke, ich lehne mich nicht zu weit aus dem Stall-fenster zu Bethlehem, wenn ich behaupte, dass die reli-giöse Konnotierung des Weihnachtsfestes immer schon im Schatten der volkswirtschaftlichen Bedeutung stand. Später, als eifriger Katholik, besuchte ich natürlich die Christmette, wofür ich meine Eltern nicht so begeistern konnte, zur Strafe bekamen sie dann von mir, wenn sie Glück hatten, etwas Selbstgemaltes geschenkt, wenn nicht, etwas Selbstgebasteltes. Oder irgendeinen Mist, für den das Taschengeld gerade mal reichte. Dann ließ die Begeisterung fürs Religiöse stark nach und mit zu-nehmendem Alter auch die Freude am gemeinsamen Weihnachtsfest. Umgekehrt proportional dazu wurden die Geschenke teurer. Das Ganze kriegt irgendwann den unguten Touch einer Pflichtübung. Alle Familienmitglie-der hocken aufeinander, weil's die Tradition will. Erst-klassiger Konfliktstoff. Ich habe beim Bund, als ich über Weihnachten mal Dienst hatte und bei einem Kamera-den zum Essen eingeladen war, erlebt, wie der nach und nach, unter stetiger Alkoholzufuhr, ein Familienmitglied nach dem anderen erst nach Strich und Faden beleidigte und dann rauswarf. Aber davon kann jeder Familienbe-rater ein Lied singen.

Für die Leute, die weder Lust noch Zeit haben, Weih-nachten mit den Eltern zu verbringen, habe ich eine Idee: Ein tragbarer DVD-Player mit selbst gemachter DVD für Weihnachten. Dann können die Eltern den Player dahin stellen, wo man sonst gesessen hätte, und haben die Illusion, man ist da. »Lecker, Mama, sehr saf-tig, nein danke, ich möchte nichts mehr, ich kann nicht mehr. Nein, Mutter, (gebrüllt) ich sagte Nein, ich bin satt!!! (Pause) Natürlich, Vater, ich mache das nur, um Mutter zu ärgern. (Kleine Pause) Vater, fang bitte nicht davon an, das ist zehn Jahre her. (Pause) Vater, lass Bri-gitte aus dem Spiel. (Keine Pause) Misch dich nicht ein, Mutter, du warst doch auch gegen die Hochzeit.

Eine tolle Erfahrung war die erste Reise mit meiner Frau ins Warme über Weihnachten. Herrlich: am 24. Dezember mit dem Hintern in 30 Grad warmem Wasser zu hängen, statt im Schneematsch rumzustapfen. Natürlich hatte das Hotel in Sri Lanka einen Weihnachtsbaum und Krach haben wir natürlich auch gekriegt. Conclusio: Weihnachten ist ein Fest für Kinder und Frauen. Männer geben nicht mit ihren Geschenken an, sie kriegen ja auch nichts Besonderes in traditionellen Beziehungen, wo der Olle das Geld nach Hause bringt, vor allem aber, weil Männer nie warten können, bis man ihnen das Gewünschte schenkt. Ein Mann sieht etwas, das ihm gefällt, ein neues Handy, das auch Feinwäsche machen kann, einen neuen iPod mit einer Shuffle-Funktion für die Pornobilder, einen Reisewecker mit Navi und Höhenmesser, irgendetwas halt, ohne das man nicht mehr qualitativ gleichwertig weiterleben kann, und schon ist es gekauft oder bestellt, ob Geld da ist oder nicht. Meine Eltern hatten nicht viel Geld und mein Vater ballerte praktisch jede überzählige Mark in Geschenke für meine Mutter und mich. Und deswegen ist Weihnachten ein Fest für Frauen und Kinder. Und deswegen heißt es Weihnachtsmann!

SIE Buch

Ein Buch hat ein jeder. Oder? Dass mir jetzt keiner mit der Fernsehzeitung kommt. Familienbuch und Bedienungsanleitungen zählen auch nicht, obwohl so manche im fernen Osten übersetzte technische Anweisung durchaus einen Platz in der Abteilung »Skurrile Literatur« verdient hätte. Ich meine solche Bücher, deren Titel und erste Seiten neugierig machen und zu einer Reise einladen, ohne dass man einen Fuß vor die Tür setzen muss.

Sie kann in die Vergangenheit, Zukunft oder ins Reich der Fantasie führen, sie kann abenteuerlich, unterhaltsam und informativ werden oder zum Gruseln, Lachen oder Weinen bringen.

Als Kind stand ich auf Abenteuergeschichten, entwickelte mich vom Peterchens-Mondfahrt- zum Enid-Blyton-Fünf-Freunde-Fan, später kamen Sagen, Legenden und Jerry Cotton an die Reihe. Karl May konnte bei mir weder auf der indianischen noch auf der orientalischen Tour landen, aber mit Jack London wurde die Karibik meine zweite Heimat und die Verhältnisse zur Zeit des Goldrausches in Alaska kenne ich besser als den Inhalt meiner Vorratskammer. Mit dem Ausklang der Pubertät kam die Phase, in der ich es besonders schön fand, wenn Bücher farblich zusammenpassen. Wegen der feinsinnigen farblichen Einbandgestaltung hatte ich jahrzehntelang das Kursbuch abonniert. Das sah aus wie ein Regenbogen-Hammer im Regal und meine Freunde haben gedacht, oh, die liest Kursbuch, sei mal lieber vorsichtig hier. Etwas zeitverschoben kamen die gelb-schwarzen Diogenes-Krimis von Autobahnlänge ins Regal. Die Werke der Altmeister wie Raymond Chandler, Patricia Highsmith, Margret Millar, Joan Aiken und Dashiell Hammett habe ich während des Studiums verschlungen und erinnere mich bis heute an Sätze wie: »Er ballte sein kleines, fleischiges Fäustchen«, und »Sein Lachen war breit, etwa eineinhalb Zentimeter breit. Er trug ein himmelblaues Sportsakko, dessen Schultern kaum breiter als eine Garagendoppeltür waren«, oder an den hinreißenden Dialog in einer Bar: »Einen Martini. Trocken, sehr, sehr, sehr trocken. Okay. Wollen Sie ihn mit einem Löffel oder einem Messer oder einer Gabel essen? Schneiden Sie ihn in Streifen, ich will nur dran rumknabbern. Soll ich Ihnen die Olive einpacken?« Vor meiner Diplomprüfung geriet ich etwas in Panik und kaufte mir ein Buch über Intelligenz mit beiliegendem Test. Mit einigen Manipulationen hier und da kam ich in einen passablen IQ-Bereich und hab mich entspannt. Ich hätte auch Atemübungen machen können, um mich zu beruhigen, aber ich hab es lieber schwarz auf weiß. Ein langjähriger hilfreicher Begleiter wurde das blau-weiße Reparaturanleitungsbuch für den Citroen 2CV, ohne das ich wahrscheinlich 1974 auf der Transitautobahn nach Berlin bis zum Fall der Mauer hätte ausharren müssen. Seitdem entzücken mich Bücher, bei denen Form und Inhalt zusammenpassen wie bei meinem weißen, dicken Buch mit einem Loch in der Mitte, durch das ich gucken kann. Beim Lesen im Bett kann ich meine Füße sehen und es heißt: Der Quantenmensch. Beziehungsdramen sind gar nicht mein Fall. Die immer gleiche Geschichte: Ich werde dich verlassen, es sei denn, du willst mich verlassen, dann würde ich mir das noch mal überlegen und eventuell zurückkommen, ist schon im eigenen Leben schwer nachzuvollziehen und macht in ein Buch gedruckt auch keinen Sinn. Dagegen sind Kochbücher die reinste Wohltat. Die blättere ich durch, studiere die raffiniertesten Speisen und Zutaten, schau mir die Bilder an, bekomme Appetit und mach dann leckere Bratkartoffeln. So geht's mir auch mit dem Kamasutra. Still und leise fasziniert hat mich das kleine dünne Buch des Japaners Junichiro Tanizaki, das den Schatten lobt. Innerhalb der japanischen Ästhetik spielt der Schatten eine große Rolle und ich erfuhr, dass für den Schatten die Nacht quasi Tag ist, weil er sich nur im Dunkeln richtig austoben kann. Um also den Schatten in seinem Element zu erleben, geht der Japaner, so wird erzählt, wenn er nachts Wasser lassen muss, nach draußen, und zwar zu einer eigens für diesen Zweck angelegten Grube, die mit frischen duftenden Tannenzweigen ausgelegt ist, damit keine banalen Geräusche die Versenkung in Mondlicht und Schattenspiel stören. Wow! Wie beeindruckend und ökoschlau! Über die schalldämpfende Wirkung von Tannenzweigen in Abtritten hatte ich mir noch nie Gedanken gemacht. Wer weiß, was man erst mit Tannenzapfen noch anfangen kann, außer daraus zur Weihnachtszeit Männchen zu basteln.

Mein Lieblingsbuch hat der irische Schriftsteller Flann O'Brien geschrieben und es hat natürlich einen grünen Schutzumschlag. Ich bekam die Erstausgabe übersetzt von Harry Rowohlt zum 20. Geburtstag. Es heißt: ›Der dritte Polizist‹ und die Geschichte ist mit zahlreichen Theorien über das Leben angereichert, die meine Sicht der Dinge aus den Angeln hoben und dann auf den Kopf stellten, was mir ausgesprochen gut gefällt. Nur sehr widerwillig und mit großem Ehrenwort, es nach vier Wochen zurückzubringen, hab ich es an einen Freund verliehen, der einer der unzuverlässigsten weit und breit war, aber dafür ein wunderbarer Musiker. Nach einem halben Jahr hab ich telefonisch mal nachgefragt, aber er hatte es einem Freund weiterverliehen. Dafür müsse ich Verständnis aufbringen, meinte er, denn schließlich sei es längst vergriffen und auch aus den öffentlichen Bibliotheken verschwunden. Danach machte das Buch seine Freundesrunde. Zwei Jahre später, ich war schon schwer verzweifelt, kündigte er die Rückkehr des Werkes innerhalb der nächsten Wochen an, sobald sein Freund mit Abschreiben fertig sei. Wie, Abschreiben, fragte ich, meinst du Wort für Wort, wie früher in den Klöstern? Schon mal was von fotokopieren gehört? Das käme überhaupt nicht infrage, sagte er, denn schließlich habe das Buch seinem Freund das Leben gerettet. Gut, mit dem Zweitnutzen von Büchern hatte ich auch schon Erfahrungen gemacht, ein paar Seiten zum Feuermachen oder als Stütze von wackeligen Betten, und sicher können Ratgeberbücher Leben retten, wenn man darin z. B. erfährt, dass die todbringende Krankheit, unter der man zu leiden glaubt und sich zum Sterben gezwungen sieht, nach 14 Tagen von selbst wieder verschwindet, aber im Zusammenhang mit meinem Lieblingsbuch konnte ich mir darauf keinen Reim machen. Ich erfuhr, dass es sich um ein Eifersuchtsdrama auf dem Höhepunkt gehandelt hatte. Der Freund meines Freundes, verheiratet, drei Kinder, wurde nachts aus dem Bett geschellt. Er öffnete, und vor ihm stand ein in seine Gattin verliebter Nebenbuhler mit der Schusswaffe in der Hand und den Worten: »Ich muss dich jetzt umbringen«, auf den Lippen. Derart unvorbereitet auf den eigenen Todesfall, bat der Freund um einen allerletzten Spaziergang und, ebenfalls unvorbereitet auf diesen letzten Wunsch, gab der Nebenbuhler nach. Zusammen gingen sie durch die Nacht, das stumme Gespräch wurde an einer Weggabelung unterbrochen durch die Frage des Mörders in spe, welche Straße nun eingeschlagen werden sollte. Dem zum Tode Verurteilten fiel an dieser Stelle die Theorie über Straßen aus O'Briens Werk ein und er erzählte sie in ganzer Länge. Daraufhin verlor der feurig Verliebte seine Tötungsabsicht, schenkte ihm die Waffe und bot Freundschaft an. Die beiden sind heute noch befreundet, aber mein Buch, der Lebensretter, sieht aus wie die Sau. Seitdem hab ich es nur noch mit dieser Geschichte zusammen verliehen, und siehe da, mit der Aura des Unglaublichen versehen, kam es immer wieder zu mir zurück. Als ich es neulich zu einer Lesung mit Harry Rowohlt mitnahm, es ihm mit zerfleddertem Schutzumschlag, Flecken, geknickten Seiten und verdehntem Rücken vorlegte und bat, es zu signieren, sagte er: Oh, das sieht gut aus.

ER Buch

Wann immer ich auf Tournee oder sonstigen Reisen Gelegenheit finde, gehe ich in jeden Buchladen, der mir am Wege steht. Ich weiß auch sofort, ob er einen Platz in meinem inneren Ordner »besuchenswerte Buchläden«

bekommt oder nicht. Wie ist der Geräuschpegel? Lautstarke Konversation zweier Lesehilfen, wie ich das Personal zärtlich nenne, über einen missglückten Beischlafversuch – schon schlecht. Musik? Gedämpfte Klassik oder Jazz? Nicht? Warum nicht? Ein ordentlicher Ghettoblaster kostet heutzutage nicht mehr die Welt und die Musik kommt vom iPod, schon ist eine andere, kontemplativere Atmosphäre da. Gibt es eine Kaffeebar? Oh wie schön! Eine Auswahl aus zehn infrage kommenden Werken trifft sich leichter bei einem Tässchen Schwarzgebrannten, die Fürsorge für den Kunden, die durch die Bereitstellung der Labung schimmert, sie darf auch gerne etwas kosten, ist als Kaufstimulans gar nicht hoch genug einzuschätzen; ich sage das jedem meiner Stammbuchhändler und werde mittlerweile mit Kaffee zugeschüttet. Dann die Auswahl der Titel, die einen frontal anlachen: Wenn unter zehn ausgelegten Büchern mich drei förmlich anspringen, bin ich richtig. Ganz doll, wenn eine Lesehilfe von selber ankommt und sagt: »Ich sehe gerade Ihre Bücherauswahl, da müsste Sie eigentlich dies hier interessieren.« Schon gewonnen, auch wenn ich sage: »Sie haben völlig recht und ich habe es schon mit Genuss gelesen«, das macht gar nichts. Dann kommt der ultimative Personaltest: »Haben Sie schon den neuen Frazier?« Gut ist: »Natürlich, ich hol es Ihnen sofort.« O.k. ist: »Das müsste ich Ihnen bestellen, ist aber morgen früh da.« Schlecht ist: »Ist das der Buchtitel oder der Autor?« Aber kommen wir zu dem magischen Moment des Kaufentscheids. Wie geht das, was gibt den Ausschlag? Wir reden hier von einem unbekannten Autor, nicht von jemandem, von dem man sowieso alles kauft, Belletristik, also erster Schritt: Der Titel klingt irgendwie gut, der Klappentext macht neugierig, aber die Nagelprobe ist immer eine wahllos aufgeschlagene Seite. Und wenn ich dann an so etwas gerate wie: »Seit sie als Sekretärin der Bundesbank in den Vorruhestand getreten war, hatte sie alle Zeit der Welt, sich ihren beiden Hobbys zu widmen – dem Studium der Geschichte und dem Verführen von jungen, gut aussehenden Studenten. Sie war groß und naturblond, hatte blaue Augen und Silikonbrüste. Im Dungeon, einem Sadomaso-Club in der Düsseldorfer Innenstadt, hatte sie jahrelang als Domina gearbeitet. Einige der Besucher kannte sie als zahlungskräftige Bankkunden ...«, wittere ich schon Lesespaß, weil der Autor offenbar gerne mit überraschenden Wendungen schon innerhalb eines Satzes arbeitet. Okay, ein zweiter Check, Seite 163: Katib blickte Kumar an: »Sie sind Buddhist, nicht wahr?« »Das ist richtig.« »Wann wird Ihr Dalai Lama endlich begreifen, dass er ohne eine gut organisierte Armee nichts ausrichten kann? Anders werden Sie die Chinesen nie aus Tibet vertreiben.« Kumar kannte dieses Argument schon von Arad. Jetzt wollte er mehr darüber hören. »Wollen Sie wirklich keine Rache?«, fragte Katib suggestiv. »Würde es Ihnen nicht Befriedigung verschaffen, dem Feind, der Ihr Leben seit Jahren bedroht und zerstört, eine saubere kleine Kugel zu verpassen und Ihr Land für immer zu befreien?« Diese Vorstellung gefiel Kumar ausgesprochen gut. Zum ersten Mal im Leben hatte er einen klaren Wunsch: Er sehnte sich danach, diejenigen zu erschießen, die dem Dalai Lama das Leben so schwer machten. Arad hatte ihm beigebracht, wie das ging, und Katib schürte seine Lust darauf. Der Nahe Osten fing an, ihm zu gefallen.« So wie mir dieses Buch, es heißt: »Der überaus großartige ultimative Nahost-Friedensplan« und stammt von Eran Katz, dem ich an dieser Stelle dafür danke, dass er mir eine halbe Seite Arbeit erspart hat.

Sie haben vielleicht schon mal im Rahmen einer Weinprobe an einer Blindverkostung teilgenommen. Man trinkt einen Wein, den man nicht kennt, und beantwortet Fragen dazu, z. B. welches Land, welche Traube, was kostet die Flasche. Das spiele ich mit Büchern. Jeder Gast bereitet sich zu Hause vor, schreibt ein oder mehrere Zitate aus Büchern seiner Wahl auf und die anderen müssen Fragen zu der Textstelle beantworten: Welche Nationalität hat der Autor, oder ist es eine Autorin, von wann stammt das Buch, das wievielte Buch des Autors ist es, wo spielt es usw. Ein Beispiel:

»Ein Körper ohne Muskeln – wie eine weiße Schnecke. Isadora war besonders schlimm, aber eigentlich waren alle Frauen so, jedenfalls nicht viel besser, nicht einmal Martina. Diese schlaffen Extremitäten – nicht zu vergleichen mit Männerbeinen, Männerarmen. Diese duftlosen Körper – bis auf den Gestank zwischen ihren Beinen. Überhaupt das weibliche Geschlechtsteil – Haare, Schrumpeliges und ein tiefes rotes Loch – und hinterher fühlte es sich an wie zerkochte Nudeln.« Na, was glauben Sie? Ich wette, Sie tippen auf einen englischsprachigen Autor der Achtzigerjahre. Tatsächlich stammt die Stelle aus Karen Duves Erstling »Regenroman« von 1999, drastisch, spannend, verstörend und gar nicht witzig, aber das kann sie auch, wie die späteren Bücher zeigen.

Wenn meine Gäste dann im Laufe des Abends die Toilette besuchen, werden sie mit einer besonderen Form der Bibliothek konfrontiert. Sie besteht aus Häppchenbüchern, wie ich sie genannt habe, unterhaltsame Nachschlagewerke mit nutzlosen, aber interessanten Fakten. So findet man auf Seite 95 des Lexikons der Geschmacklosigkeiten Folgendes: 1984 fand die argentinische Polizei Menschenknochen unter einem Gebäude in Buenos Aires, in dem Teufelsanbeter wohnten. Es waren die Überreste des 19-jährigen Carlos Sanchez, der als vermisst gemeldet war. Die Bewohner des Gebäudes gaben an, dass sie sich telefonisch eine Pizza bestellt, nach einer endlosen Verzögerung aber beschlossen hatten, statt der Pizza den Lieferjungen zu essen.

Oder S.102 des »kleinen Hypochonders« von Dennis Di-

Claudio: Chronische idiopathische Diarrhoe. Stellen Sie sich den schlimmsten wässrigen Durchfall vor, den Sie je gehabt haben. Und nun stellen Sie sich vor, dass Sie den 25-mal am Tag haben. Und das über die nächsten vier Wochen. Und stellen Sie sich weiter vor, dass solche mehrwöchigen Schübe Sie über die kommenden zwei, drei Jahre mehrmals heimsuchen. Man weiß nicht, wie das Leiden übertragen wird, der Autor empfiehlt aber, nicht an Haltegriffen oder -stangen öffentlicher Verkehrsmittel zu lecken. Und jetzt die gute Nachricht: es gibt kein Medikament, aber nach circa drei Jahren ist der Spuk vorbei. Das ist nicht schön, lassen Sie sich rasch trösten mit einem Rezept aus »Der Gastronaut« von Stefan Gates. Sie brauchen ein Marmeladenglas voll Waldasseln, die schmeißen Sie in kochendes Salzwasser, bereiten eine Mehlschwitze aus Butter, Mehl, Wasser und Milch, würzen mit Pfeffer und Salz und rühren die abgetropften Asseln unter. Soll lecker sein. Guten Appetit, ich hoffe, Ihnen ist nicht auch der Lesehunger vergangen.

SIE Film

Gestern lag mein Mann wieder weinend in meinem Schoß. Er hatte sich seinen zweitliebsten Film angeschaut. Motown – ein Film über die Erfinder des wahnsinnig erfolgreichen Motown-Sounds, die im Background von Marvin Gaye, The Supremes und Smoky Robinson spielten, von den Plattenbossen mit Trinkgeldern bezahlt wurden, während die Stars und die Firmen Millionen absahnten. ›Die Welt ist ungerecht‹, schluchzte er. Umgekehrt undenkbar für mich, derart auszuflippen, weil eine übergewichtige Sängerin wie z. B. Aretha Franklin es auch nicht leicht hat. Nicht, dass mir sein Weinen unangenehm wäre, aber warum bricht er nicht auch mal vor Rührung in Tränen aus, wenn ich Backstage seine Hemden bügele? Wenn er sich seinen Film-Hit Nr. 1, ›Pat Garrett jagt Billy the Kid‹ mit der Filmmusik von Bob Dylan, anschaut, darf ich nicht mehr dabei sein, weil ich störe. Das tut mir auch leid, aber Western wirken auf mich wie Lachgas. Ich kann diesen immerwährenden Ritt in die untergehende Sonne einfach nicht ernst nehmen. Mir fallen immer meine Brüder ein, wie sie sich früher als Cowboys zurechtmachten, sorgfältig Colts, Hüte und Halstücher anlegten, ihr Outfit kritisch im Spiegel überprüften, dazu den finsteren Blick übten und dann beim Verlassen der Wohnung riefen: Mami, wir gehen jetzt spielen.

Sein ältester Lieblingsfilm ist auch der längste und heißt auch noch ›Der längste Tag‹. Der handelt von der Rückeroberung der Normandie durch die Alliierten. Als wäre er dabei gewesen, zappelt er auf dem Sofa, Maschinengewehr feuernd, Handgranaten schleudernd und mit dem Bajonett Mann um Mann zermetzelnd. Unerträglich das. Als ich ihn das letzte Mal darauf ansprach, dass dieses Gebaren ja nun wirklich nicht mit seinem Interesse für den Buddhismus korrespondiere, kam es zum Ehekrach. Das können Frauen nicht verstehen, war sein letztes Wort. Das wollen Frauen auch nicht verstehen, war meines und danach war erst mal wieder vierzehn Tage Schweigen angesagt.

Für mich war ›Harold and Maude'‹ ein wahrer Schocker der Filmgeschichte. Eine Liebesbeziehung mit einem fünfzig Jahre älteren Partner fand ich damals mit neunzehn Jahren ekelgruselig. Ich war eindeutig zu jung für diesen Film, denn mittlerweile kann ich die alte Frau und ihr Interesse an dem Jaguar fahrenden Schüler viel besser verstehen. Sigourney Weaver als erfolgreiche Alienbekämpferin hat natürlich einen bleibenden Eindruck hinterlassen. Ich denke jedes Mal an sie, wenn ich zum

Zahnarzt gehe wegen der Dritten. Für jede Beziehung extrem lehrreich ist der Film ›Die Hexen von Eastwick‹, ein Musterbeispiel dafür, wie man mit einem Mann umgeht – in diesem Fall Jack Nicholson –, der sich auf Deubel komm raus für unwiderstehlich hält. Überhaupt hat Herr Nicholson einen Haufen meiner Sympathien. In ›Besser geht's nicht‹ zeigt er wundervoll, was Männer an Ängsten in sich tragen, und in ›About Schmidt‹ steigert er das sogar bis zur Schmerzgrenze. Ich liebe Filme, in denen Männer leiden, bis die Schwarte kracht. Dazu gehört James Bond allerdings nicht. Den Bond-Jungs fehlt einfach der testosteron geschwängerte Schweiß.

Ein Leckerbissen war der Film über eine japanische Suppenküche mit der Besitzerin, Frau Tampopo. Ich entwickelte danach nicht nur ein ganzheitliches Verhältnis zur Nudelsuppe, sondern bereite seitdem auch die betrunkenen Shrimps, wie im Film zu sehen, direkt auf dem Körper meines Mannes zu. Das spart den Abwasch. Supererotisch ist auch die Szene, in der ein Liebespaar ein Eigelb fünfmal von Mund zu Mund wandern lässt. Aber da waren Salmonellen noch kein Thema.

Warum mein persönlicher Hut-ab-Top-Film ›Das Leben des Brian‹ keinen Oskar bekommen hat, verstehe ich bis heute nicht. Hatten die Damen und Herren von der Academy damals etwas Besseres zu tun, als sich einen vernünftigen Film anzusehen? Unauslöschbar in meiner Erinnerung ist der legendäre Kernsatz des Wärters, an dem die Schlange der Kreuzigungskandidaten vorbeimarschiert: »Zur Tür hinaus, linke Reihe anstellen, jeder nur ein Kreuz.« Dieser Film hat sich dauerhaft am Ufer meines Bewusstseins niedergelassen und kommt zuweilen aus seiner Hütte, um mir in wichtigen Situationen des Lebens einen fröhlichen Wink zu geben: »Always look on the bright side of life.«

An grundsoliden Krimis bin ich lange Zeit nicht vorbeigekommen. Inzwischen ist mir ›Eine Leiche zum Dessert‹, in dem fünf berühmte Detektivfiguren zusammen einen kuriosen Fall lösen, der liebste von allen. Ich hab dann das Gefühl, zwanzig Filme auf einmal zu sehen und eine Menge Zeit zu sparen.

Viel spannender als Krimis und mit einer Prise Horror versehen sind die selbst gemachten Filme, die automatisch im Kopf ablaufen und in bewegenden Bildern das eigene Schicksal auf den inneren Bildschirm zaubern. Mein persönlicher Klassiker zeigt,wie ich meinem Mann, der in einem französischen Café einen akuten Bandscheibenvorfall erleidet und sich kaum bewegen kann, beim dringend erforderlichen Gang auf die Toilette helfen muss. Die Toilette ist so klein und eng, dass einer allein kaum reinpasst. Zudem ist die Toilettentür vom vollbesetzten Schankraum aus gut zu sehen. Mein Film beschäftigt sich mit Variationen darüber, wie wir das zu bewerkstelligen versuchen. Nicht nur aus meiner Sicht. Und dazu höre ich im Geiste die Frage von Freunden: Sag mal, dieser Handy-Mitschnitt bei You-Tube, seid ihr das?

ER Film

Das schönste Medium ist für mich das Buch, weil man beim Lesen seinen eigenen Film dreht. Das ist auch der Grund, warum mir kaum ein Film gefällt, dessen Buchvorlage ich vorher gelesen habe, denn selbstverständlich bin ich der beste denkbare Regisseur für mein Kopfkino. Sogar, wenn ich Zeitung lese, drehe ich innerlich bei einer dürren Meldung oft sofort einen kleinen Spielfilm. Ich gebe Ihnen ein Beispiel: Die Meldung (sie stand zeitgleich in mehreren Gazetten) lautete:

In Dülmen zog sich in einer Einkaufspassage ein Pärchen aus und liebte sich nach allen Regeln der Kunst auf dem kalten gepflasterten Boden. Augenzeugen alarmierten die Polizei, die das Paar darüber aufklärte, dass es mit einem Bußgeld von 80–100 Euro pro Kopf rechnen muss.

Erst mal war ich geschockt. Was ist das für ein Land, wo Menschen sich herzlich lieb haben und Unbeteiligte holen die Polizei? Und schon begannen meine Reflektionen zu Filmbildern zu gerinnen. Erst mal würde ich die beiden Liebenden in einer engen Zweiereinstellung zeigen, schön mit Weichzeichner, was man bekanntlich mit Fett auf der Linse erreicht, zumindest war das früher so, dann würde ich aufziehen, sodass der Zuschauer jetzt erst realisiert: Oha, wir sind ja in einer Einkaufspassage. Dann würde ich erst mal die positiven Reaktionen zeigen, Menschen die Decken holen und Schampus oder so ein Gästebett aus der Fernsehwerbung, das sich in wenigen Augenblicken selber aufbläst. Einige haben ihre Camcorder geholt und filmen aus allen Lagen, Digitalkameras und Handys sind im Einsatz, ein Ehepaar, offensichtlich der alternativen Szene zugehörig, hat die Kinder herbeigeholt und sagt, vergesst das mit den Bienen und den Blumen, so, wie der Onkel und die Tante das machen, so geht's richtig. Einige machen La Ola und andere Anfeuerungsgesänge, wie Ficke facke, ficke facke hoi hoi hoi! ... Einige Zocker aus den neuen EU-Ländern schließen Wetten ab, wer zuerst kommt, ein ganz Pfiffiger versucht, abzuklatschen wie beim Tanzen, wird aber ignoriert. Und zwischendurch sehen wir die beiden Denunzianten, wie sie mit der Polizei telefonieren, der Mann, dicke Brille, schlechte Zähne, Pullunder, sabbert, ein Speichelfaden hängt ihm aus dem Mundwinkel, sie Dutt, randlose Brille, sehr kleiner Mund mit extrem schmalen Lippen, das Ganze noch zusammengepresst, sodass es an einen Schildkrötenanus erinnert, wir sehen den mit Blaulicht heranrasenden Streifenwagen, die Polizisten erreichen im Laufschritt den Tatort und folgender Dialog entspinnt sich:

»Wir machen Sie darauf aufmerksam, dass für diese Art Erregung öffentlichen Ärgernisses ein Bußgeld von 80 bis 100 Euro pro Kopf fällig wird!«

»Wie, Herr Hauptwachtmeister, was heißt das: Ist 80 die Grundgebühr, und dann ein Euro für jede weitere Nummer, oder wie? Aber scheiß drauf, Geld spielt keine Rolle, wir haben sowieso um 500 Euro gewettet, dass wir hier in der Passage schrubbern!«

Aber richtige Filme sind natürlich auch toll, sie nehmen einem die Imaginationsarbeit komplett ab, man muss sich nur noch darauf einlassen. Gut, manchmal gelingt das nicht, weil man keinen Draht findet, der Stoff nicht interessiert, die Darsteller unsympathisch sind oder der Film schlicht Scheiße, oder man will mit seiner Freundin fummeln. Wobei mir, ohne dass ich es verhindern kann, immer die Szene aus »Her mit den kleinen Engländerinnen« einfällt, wo der Junge ein Loch in den Boden seines Popcorneimers geschnitten und den Dödel durchgesteckt hat, in der Hoffnung, dass seine Freundin sich irgendwann zu ihm durchgefressen hat. Aber wenn alles passt, sitzt man zwei Stunden mit einem blöden Grinsen da. Das hatte ich auch mal, lag aber nicht am Film, sondern daran, dass ich mit zwei Mädchen Händchen hielt, wobei ich die Arme über der Brust verschränkt hatte, damit die jeweils andere nichts merkt. Natürlich sind mir beide Arme eingeschlafen und als nach der Vorstellung das Blut wieder hineinschoss, dachte ich, sie explodieren. Aber davon abgesehen bin ich ein wirklicher Filmfan. Jeder hat seine eigene Top-Ten-Liste, auf meiner ändert sich immer mal wieder was, im Moment wären es ohne Rangfolge: Sein oder Nichtsein, von Lubitsch natürlich, nicht der blöde Mel-Brooks-Abklatsch, Rio Bravo, Ringo-Stagecoach, Die Kaktusblüte, Das Apartment, Irma la Douce, Das Leben des Brian, Dr. Seltsam oder wie ich lernte, die Bombe zu lieben, Notting Hill, Silverado, Ein Fisch namens Wanda, Pretty Woman, Die fabelhaften

Baker-Boys, Sideways, Sommer vorm Balkon, Harry und Sally, Mach's noch mal, Sam, Be cool, und noch etwa zwanzig andere, eigentlich alles mit Billy Crystal, Julia Roberts, Adam Sandler ist toll, vor allem 50 First Dates mit Drew Barrymore ... Es ist zwecklos, Top Ten der Filme geht ebenso wenig wie Top Ten der Bücher, und deswegen möchte ich noch über eine andere Art Filme reden, die erst seit der immensen Verbreitung des Internets wahrgenommen werden und aus meinem Leben eigentlich nicht mehr wegzudenken sind. Ich spreche von den Abermillionen von Filmschnipseln, wie wir sie bei You Tube, Myvideo oder wo auch immer sehen können. Da stöbern dann Comedyafficionados die wenigen Kostbarkeiten, die es gibt, auf, denn 99 Prozent sind natürlich Müll, weswegen ein berufstätiger Mensch gar nicht die Zeit hat, um selber zu suchen, speichern und verschicken sie an Gleichgesinnte. Da ist z. B. dieser begnadete Comedy-Pantomime, der Natalie Imbruglias »Torn« mimisch darstellt, mit unglaublicher Perfektion, die gleichzeitig so leicht daherkommt wie eine Joghurt-Mousse, man ist danach eine Zeit lang nicht mehr derselbe Mensch. Auf nicht ganz demselben Niveau, aber genauso komisch ist der Film, wo ein polnischer Obersteiger einem unsichtbaren Interviewer erklärt, dass es auf dieser Zeche keine Alkoholprobleme gibt. In diesem Moment taucht in der Bildmitte ein hackebreiter Mitarbeiter auf, der sich auch mit sanfter Gewalt nicht aus dem Bild ziehen lässt, schließlich aber von selber aus demselben fällt. Oder: Eine Gazelle in der Savanne pest mit fünfzig Sachen dahin, immer wieder Umschnitt auf Löwen, die sich die Lippen lecken, zuletzt eine Totale mit der dahinjagenden Gazelle, wir beten mittlerweile, dass sie den Bestien entkommen möge, der Paarhufer donnert volle Kanüle gegen einen Baum und macht einen Salto rückwärts. Das Bild zoomt rechts neben den Baum, wo zwei Löwen liegen, offenbar durch den Aufprall geweckt.

Diese Slapstickelemente von W. C. Fieldscher Tücke in der unschuldigen Wildnis, wo man sie so gar nicht erwartet, sind für mich wertvoller als ein kleines Antilopensteak. Das Schöne ist, dass hier kein Programmbeirat oder andere Bedenkenträger einen Gedanken an Political Correctness verschwenden, wie auch bei dem holländischen Ausschnitt aus einer Talkshow, bei dem ich nie sicher bin, ob das Ding echt oder getürkt ist. Der Moderator interviewt eine Rollstuhlfahrerin und ihren Begleiter, der offenbar seine Zeugungsfähigkeit verloren hat und mit einer unglaublichen Fistelstimme spricht, sodass es den Moderator mehrfach zerreißt, er versucht immer, sich zu fangen, aber irgendwann kriegt er einen Lachflash. Oder eine »Versteckte Kamera«-Aktion, aus Kanada: Zwei Bänke, Rücken an Rücken, im Park. Auf der einen Seite sitzt ein Mann und liest Zeitung, auf der anderen Seite eine Frau mit einem Streifen Stoff, der in der Mitte ein wenig eingerissen ist. Ein Opfer setzt sich auf die Bankseite mit dem Mann, der steht irgendwann auf, gleichzeitig reißt die Frau auf der Rückseite den Stoffstreifen durch, sodass es klingt, als habe der Mann sich etwas von der Hose abgerissen, eine Illusion, die dadurch verstärkt wird, dass ein Stück Stoff aus seinem Hosenboden auf der Bank klebt und er selbst, wie man, während er weggeht, sieht, unter der Hose nur den blanken Hintern trägt. Die Reaktionen der so harmlos geleimten Opfer sind hinreißend. Auf jeden Fall Top Five meiner Launemacher. Eine andere Frohsinnsdatei trägt den Titel: Wer will mich? Man hat einfach ganz schlimme Fotos von Angehörigen des internationalen Prekariats genommen und dann daraus eine fiktive Karteikarte für ein Partnervermittlungsinstitut gemacht. Und daraus machen Sie jetzt – das ist mein heutiger Kreativvorschlag – Ihren ganz privaten ersten Comedyfilm. Sie nehmen Schminke und üble Klamotten und setzen ambitionierte Comedians aus Ihrem Freundeskreis auf einen Stuhl, lustig geschminkt

(Bart, Perücke, Colaflaschenbodenbrillengläser, künstliche Zähne aus dem Scherzartikelladen, zur Not aus einer Apfelsinenschale selbst geschnitzt) und verkleidet, und lassen sie diese oder ähnliche Texte in Ihren Camcorder sprechen: Hallo, ich bin die Gwendolyn, ich bin 23 und zurzeit in der spannenden Übergangsphase zwischen zwei Jobs, ich suche einen temperamentvollen Mann, dem innere Schönheit wichtig ist, der sich aber auch nicht schämt, wenn ich mal ohne Höschen auf der Kneipentheke tanze. Meine Hobbys sind: Töpfern, Homeshopping und Total-Epilierung. Kennwort: Cinderella. Für einen männlichen, vielleicht leicht adipösen Darsteller könnte Folgendes passen: Hallo, ich bin das Wolferl, bin 32 Jahre alt, von Beruf Sachbearbeiter, meine Hobbys sind Klippenspringen, Kulturbeutelnähen und Marzipankartoffeltürme bauen. Wenn du, feminin, typmäßig zwischen Julia Roberts und Cameron Diaz, zusammen mit mir deine Grenzen austesten willst, heute mal an einem Bach um die Wette Frösche aufblasen, morgen vielleicht Ukulele spielen und dabei exotische Nationalhymnen rülpsen, melde dich! Kennwort Hamsterbacke. Und wenn Sie keinen finden, der das machen will, setzen Sie sich selbst vor Ihre Kamera und stellen den Streifen anschließend ins Netz. Vielleicht landen Sie ja auf meiner Top-Ten-Liste!

SIE Sprichwörter

Wenn Sprichwörter musikalisch wären, könnten sie uns ein Lied davon singen, wie häufig sie benutzt wurden und wie herzlich wenig es genutzt hat. Auf dem langen Weg vom Nest in der Baumkrone bis zum Sofa mit der Fernbedienung haben sie sich immer strebend bemüht, uns mit Rat und Tat eine Stütze zu sein. Umsonst! Der Mensch lässt sich das Fehlermachen nicht freiwillig vom Brot nehmen, schon gar nicht von einem kurzen und prägnanten Sprüchlein, das noch nicht einmal von einem prominenten Eierkopp gezeugt wurde, sondern nur vom gemeinen Volk stammt. Selbst Evergreens, wie z. B. »Hochmut kommt vor dem Fall«, haben als Verhüterli keine Chance. Denken Sie mal an unseren Ex-Bundeskanzler Schröder am Abend seiner Wahlniederlage. Dabei war der schon ein Ladenhüter, als er ins Alte Testament aufgenommen wurde. Im günstigsten Fall werfen Sprichwörter ein kleines Spotlight auf diese seltsame Grauzone zwischen Wollen und Können, die dafür verantwortlich ist, dass jeder sich so gut blamiert, wie er nur kann. Experten können über das außerordentliche Benehmen von Ernst August vom Hohen Sofa sicher ein mit Fremdworten gespicktes Gutachten erstellen, in dem von adelsspezifischer Erbgutschädigung bis hin zum Alkoholabusus die Rede sein wird. Mir reicht der Spruch: »Auch beim Eselsrennen ist einer der Erste.« Der immense Vorteil von Sprichwörtern ist, dass sie griffig sind und das Problem schonungslos beschreiben. Meine Freundin Annette war schrecklich unglücklich über den Sex mit ihrem neuen Freund. Da rutschte mir automatisch der Spruch heraus: »Ja, da hast du wohl den Kürzeren gezogen.« Hätte das mein Mann gesagt, wäre die rote Karte fällig gewesen und Annette jetzt meine Ex-Freundin, denn aus dem Munde eines Y-Chromosomenträgers wäre das in dieser Situation nur eine billige Zote, die der gebeutelten Frau keine Linderung verschafft, sondern nur in bester Primatenstellung den Fokus aufs eigene Glied lenken soll. Aus meinem Mund entband derselbe Spruch meine Freundin schnell und pointiert von jeder Verantwortung für das Scheitern der Beziehung durch Verlagerung des Problems auf eine biologische und somit unabänderliche Ebene. Das Sprichwort aus Frauenmund läutete sozusagen das Ende vom Glied ein. Ich fasse zusammen: Das Sprichwort – Aus Männermund bringt's Leid und Tod, aus Frauenmund lindert es Not. Griffig. Annette ist übrigens heute sehr glücklich mit einem Wasserbauingenieur aus Kamerun.

Die Crux mit Sprichwörtern ist, sie quatschen einem dazwischen. Man kann kaum etwas dagegen machen. Aufgesogen mit der Muttermilch leben sie in einem fort, hausen im Oberstübchen Tür an Tür mit der Familie Märchen, den Geschwistern Eselsbrücken und der Achhättichdoch-Sippschaft und verfehlen regelmäßig ihre Aufgabe, die User aufzufordern, mal in Ruhe über die eigene Blödheit zu sinnieren. Stattdessen neigen klugscheißende Männer dazu, sie wie Sprühwurst unter die Leute zu bringen. (Sprühwurst sagt man in Mülheim für Dünnschiss). Nur um Eindruck zu schinden, krönen sie selbst belangloseste Ereignisse – wie das Umfallen eines Kartoffelsacks – mit einer ihrer Binsenweisheiten Marke Karbon. Von solchen Daueranwendern lasse ich mich nicht mehr nerven und entgegne gerne: »Käme es auf den Bart an, könnte die Ziege predigen«, was mir zumindest eine kleine Verschnaufpause verschafft. Treffen allerdings in geselliger Runde zwei Sprichwort-Cowboys aufeinander, ist auch Hopfen und Malz verlorene Liebesmüh, denn die Krankheit des einen heilt nicht die des anderen. Feinsinnigere Zeitgenossen, z. B. Frauen, verwenden Sprichwörter eher selten, denn komplizierte Lebenszusammenhänge lassen sich mit ihnen nicht meistern. Nehmen wir z. B. mal: »Die Axt im Haus erspart den Zimmermann«. Wer kennt schon noch den Herrn von XY-Ungelöst? Und für die Botschaft: »Lieber den Einbrecher auf frischer Tat erschlagen, als ihn später mit ungewisser Aussicht auf Erfolg übers Fernsehen suchen zu lassen«, wird man hierzulande keine Lobby finden und in Amerika erst recht nicht. Da würden sie fragen: »Axt Alter? Ich raff es nicht. Noch nie was von Pumpguns gehört?« Das war ein Scherz. In Wirklichkeit ist der Spruch noch älter. Jesus nervte damit immer seinen unehelichen Vater Josef, weil der wollte, dass der Kleine mal die Schreinerei übernimmt. Aber Regale kommen heute von Ikea. Dass man beim Aufbau derselben manchmal selbst zur Axt mutiert, weil einige Schräubchen fehlen, steht auf einem anderen Blatt. Auch Sprichwörter über Pflanzen und Tiere müssen dringend upgedatet werden. ›Eine Schwalbe macht noch keinen Sommer‹ hinkt der Realität doch ganz schön hinterher, seitdem das Klima kollabiert. In milden Wintern fliegen Schwalben gar nicht mehr weg, selbst wenn man in die Hände klatscht und ruft: »Habt ihr den Schuss nicht gehört?« Und die ganzen Leute, die reihenweise dem Flat-Saufen verfallen, die sticht doch sicher nicht der Hafer, sondern eher Gerste, Wacholder oder Weintraube.

Amüsant und nützlich ist es in Zeiten der Globalisierung und Einwanderung, die Highlights an Sprüchen anderer Kulturen kennenzulernen. Vielleicht ist der neue Chef Ihres Unternehmens demnächst eine Chinesin. Wenn Männer bei der einen Blumentopf gewinnen wollen, müssen sie zeigen, dass sie mehr im Wok haben als saublöde Sprüche über Frauen, wie »Ein treuer Hund, ein treues Pferd sind mehr als tausend Weiber wert«. Vielleicht wird die mandeläugige Frau aus fernem Land männliche Leistungskompetenz eines Tages mit einem unergründlichen Lächeln und dem Spruch: »Am Fuße des Leuchtturms herrscht Dunkelheit« kommentieren. Dann, liebe Männer, könnt ihr ja getrost das Licht wieder mit dem Hammer ausmachen.

ER Sprichwörter

Meine These: Am Kompendium der aktuellen Lieblingssprichwörter kann man Geschlecht und Alter der jeweiligen Person erkennen. Meine Sammlung ist z. B. typisch für einen lustigen, gebildeten, warmherzigen, männlichen gefühlten Endvierziger, denn man ist ja immer so alt, wie man sich fühlt, oder auch anfühlt. Das waren jetzt die ersten beiden Sprichwörter. Das nächste wäre ein spanisches Sprichwort: Lieber ein stiller Tod als ein öffentliches Missgeschick. Dieses kluge Wort beleuchtet Schadenfreude einmal aus der Sicht des Betroffenen. Natürlich versucht man, wenn es irgend geht, in einer peinlichen Situation witzig zu sein. Wenn ich zum Beispiel coram publico darauf hingewiesen werde, dass mein Hosenstall offen steht, schließe ich ihn mit einem Standardsatz: Na schön, wenn keine Nachfrage herrscht ... Was ich nicht so mag, sind Dinge, wie man sie gerne mal im Reader´s Digest und Konsorten findet: Wir müssen alle den Gürtel enger schnallen. Wie komme ich denn dazu? Solange ich ausreichend Nahrung zuführe, gibt es dafür nicht den mindesten Grund. Oder: Du hast deine Zukunft selbst in der Hand. Der Spruch ist Quatsch, ist allerdings ein Brüller, wenn es einem an der Wand eines Herrenpissoirs unversehens ins Auge sticht.

Was ich sehr goutiere, auch als Konsument, sind Dinge, die aus völlig anderen, gleichwohl vertrauten Zusammenhängen gerissen und zumeist laut, gern auch hörbar angebrütet, in den Raum gestellt werden, etwas wie: Du sagst es, Weiße Feder, oder: Baut eine Wagenburg, die Indianer werden nicht vor dem Morgengrauen angreifen. Wenn ich mich recht entsinne, sagt das Robin Williams in einer Folge von ›Mork vom Ork‹, und ich konnte tagelang fast an nichts anderes denken. Probieren Sie das mal in der Oper oder in der U-Bahn! Man wird noch lange von Ihnen sprechen. Verhärtete ideologische Positionen lassen sich mit guten Zitaten zwar nicht aufweichen, man hat aber die Lacher auf seiner Seite. Wenn man in Gesellschaft auf eine beinharte Emanze trifft, sollte man zumindest einige der folgenden Gemmen auf Lager haben: Abhängigkeit ist das Los der Frau, Macht ist, wo die Bärte sind. (Moliere, Schule der Frauen) Oder: Es gibt Frauenspersonen, die uns im Zimmer besonders wohlgefallen, andere, die sich besser im Freien ausnehmen. (Goethe, Dichtung und Wahrheit III,11) Goethe schrieb auch mal an Frau von Felgenhauer: Das Weib, das Gott der Herr erschuf, schuf er zu mancherlei Behuf; allein der süßeste von allen, ist der, den Männern zu gefallen. Wobei Alice Schwarzer es vielleicht bei Schiller noch einen Meter höher auf die Palme treiben würde: Ehret die Frauen, sie flechten und weben himmlische Rosen ins irdische Leben.

Oder: Der Mann ist des Weibes Haupt. (Kor.1,11,13) Wobei Sie, wenn Sie mit Paulus ankommen, eine belesene Dame vielleicht mit Ambrose Bierce auskontert: Religion ist die Tochter von Hoffnung und Furcht, die der Unwissenheit das Unerkennbare erklärt.

Wenn das passiert, beenden Sie die Sache mit: Es mag Frauen geben, die intelligenter sind als Männer, aber davon wird die Küche auch nicht sauber.

Nun eignen sich Zitate beileibe nicht nur zum Stänkern, sondern ebenso gut als niveauvolle Anmache. Statt zu sagen: Haben Sie Wasser in den Beinen, meine Wünschelrute schlägt aus, probieren Sie es doch mal mit: Ich weiß nicht warum, aber als ich Sie gerade so ansah, fiel mir ein altes Gedicht ein: Auf die Stirne küsst die Unschuld, auf den Mund die wahre Liebe, in die hohle Hand Begierde, alles andere Raserei. Und wenn das so gar nicht verfängt, machen Sie einen eleganten Abflug mit: Na gut, wie sagte John Cage so richtig zu Ally McBeal: Es ist besser zu wollen, was man nicht hat, als zu haben, was man nicht will.

Nach einer Abfuhr braucht auch der Mann von Welt ein Erfolgserlebnis, am besten eine bessere Position auf der Hackordnung. Dies kann man z. B. durch Zurechtweisung eines Platzhirsches erreichen, der das große Wort führt und keine andere Meinung gelten lässt. Stellen Sie

sich dazu, hören Sie sich das eine Weile an und sagen sie
dann sehr sanft: »Ich weiß nicht, warum mir jetzt der
englische Historiker Theodore Zeldin einfällt, der einmal
gesagt hat: ›Ein interessantes Gespräch ist nur eines, das
wir mit der Bereitschaft beginnen, aus ihm als etwas anderer Mensch hervorzugehen.‹« Und dann schlendern
Sie davon, zur Bar oder sonst wohin, um den neu gewonnenen Jüngern Gelegenheit zu geben, Ihnen nachzufol-
gen.

Auch das Buffet ist ein guter Ort, um Perlen der Weisheit
loszuwerden, vor allem, wenn Sie sich selbst und anderen Menschen das schlechte Gewissen ein wenig erleich-
tern, das die meisten ja beim Reinhauen haben. Beste
Dienste leistet hier Winston Churchill: Man soll seinem
Leib etwas bieten, damit die Seele Lust hat, darin zu woh-
nen. Und Meister Eckhart, Dominikaner und Mystiker,
liefert uns den Grund für Weinnachschub: Nimmer
würde ein Mensch, der Durst nach Wein hat, so sehnlich
seiner begehren, wenn nicht etwas von Gott in ihm
wäre. Das wird nicht nur den zufällig anwesenden Weih-
bischof entzücken.

Ich persönlich bin ja oft gezwungen, in Interviews oder
Gesprächen mit Hobbyintellektuellen, meine Berufswahl
als Humorschaffender zu rechtfertigen. Da arbeite ich
seit vielen Jahren immer mit denselben Zitaten, denn es
sind ja auch immer dieselben Fragen: Um ernst zu sein,
genügt Dummheit (Shakespeare), Unser Verdienst verschafft uns die Anerkennung ehrenwerter Menschen,
unser Glück aber die der Menge (La Rochefoucauld), und:
Indem ein Mensch mit den ihm von Natur gegebenen
Gaben sich zu verwirklichen sucht, tut er das Höchste
und einzig Sinnvolle, was er tun kann (Hesse). Irgendwann wird einem immer auch eine Definition von
Humor abverlangt, da sage ich als Erstes immer: Humor
ist das, was man verliert, wenn man den Vorgang defi-
niert (Theodor Lessing, Philosoph und politischer Publi-

zist), um dann aber, wenn ich gerade gütig grundge-
stimmt bin, mit Curt Goetz zu einem versöhnlichen
Schluss zu kommen: Gelehrt sind wir genug. Was uns
fehlt, ist Freude, was wir brauchen, ist Hoffnung, was uns
nottut, ist Zuversicht, wonach wir verschmachten, ist
Frohsinn.

Sie Vorurteile

Albert Einstein sagte einmal: Es ist schwieriger, eine vor-
gefasste Meinung zu zertrümmern als ein Atom. Für
mich als Laien ist das schwer nachvollziehbar. Wie soll
ich wissen, ob ich nicht doch schon mal Atome zertrümmert habe, womöglich aus Versehen, wie bei meinem
letzten Blechschaden. Die sind ja so klein, dass man sie
mit bloßem Auge nicht sehen kann. Der Betonpoller, der
im Weg stand, schien aus atomarer Sicht völlig unbe-
schädigt, aber von meinem rechten Kotflügel war wirklich nicht mehr viel übrig. Vorurteile zertrümmere ich
natürlich viel lieber als mein Auto. Auf meiner Morgen-
tour mit dem Hund kamen wir an einem Parkplatz vorbei und hörten, wie ein Anlasser durchgeorgelt wurde,
bis die Batterie leer war. Ein fluchender Mann stand rat-
los an seinem Auto herum. Mein Hund namens Nanu
war ein 100%iger Mannometer für sympathische oder
unsympathische Leute und sein Schwanz wedelte wie
doll, als er Schnupperkontakt aufnahm, also konnte
mein Gegenüber kein schlechtes Männeken sein. Ich
fragte ihn freundlich, ob ich ihm helfen könne. Er
schaute mich an wie jemanden, der schlimmen Aussatz
hat, öffnete mürrisch seine Motorhaube und starrte nur
noch da hinein. Aha, meldete meine innere Rechtsabtei-
lung, hier handelt es sich um einen Vertreter des Vorur-

teils »Frauen und Technik«. »Haben Sie ein Abschleppseil?«, fragte ich noch freundlicher. Er dachte dann wohl
wirklich, ich wollte meinen Hund vor seinen Schlitten
spannen, denn mit seinem blind gen Himmel gerichte-
ten Augenaufschlag schüttelte er den Kopf und mur-
melte so etwas wie »Vergessen Sie's«. »Haben Sie vielleicht Überbrückungskabel?«, fragte ich darum noch
liebenswerter. Er presste sein Nein durch zusammen-
gebissene Kiefer wie ein taiwanesischer Perlentaucher,
ohne mich auch nur eines Blickes zu würdigen. So ein
Arschloch, dachte ich, dem werd ich's zeigen. »Ich habe
Überbrückungskabel«, sagte ich stolz und ging. Im
Grenzbereich seiner Hörweite schob ich noch nach:
»Sind wirklich nützlich, diese Dinger«, und hörte, wie er
seine Haube zuknallte. Arme Motorhaubenverschluss-
atome! Anscheinend können Männer sich nicht ohne
Weiteres von Frauen helfen lassen, und schon gar nicht
bei technischen Problemen.

Auf dem Nachhauseweg fiel mir ein, wie ich mal den
Schlüssel in meinem VW-Käfer hatte stecken lassen und
spätnachts mit einem Stielkamm verzweifelt an der Sei-
tenfenstergummidichtung rumfummelte, um an das Ver-
schlussknöpfchen der Tür zu kommen. Dem plötzlich
aus dem Dunkeln erscheinenden Mann, der mich skep-
tisch musterte, erklärte ich mein Schlüsselproblem,
damit er mich nicht für einen Automarder hält. Er ging
nur kurz um mein Auto herum, nickte mir zu und verschwand wieder, aber das Knöpfchen war jetzt oben.
Zwei Tage später las ich in den Lokalnachrichten, dass in
dieser Gegend einige Autos aufgebrochen worden waren.
Tja, manchmal ist eben nicht nur die Polizei dein Freund
und Helfer, sondern auch der Ganove. Die Erinnerung an
dieses märchenhafte Erlebnis stimmte mich friedlich, ich
brachte meinen kleinen Terrier nach Hause, setze mich
ins Auto und fuhr zum Parkplatz zurück. Dort holte ich
die Kabel hervor und drückte sie dem Charming-Boy in

die Hand, mit der Bemerkung: »Sie kennen sich sicher aus.« »Nee«, sagte er, »das hab ich noch nie gemacht.« Ich hielt die Situation einige Sekunden in der Schwebe, bis sich sein Vorurteil auf Taschenknirpsformat zusammengefaltet hatte, und legte dann los. Drei Minuten später summte sein Motörchen und er trällerte tausend Dankeschön. »Sind Sie Automechanikerin?«, fragte er noch. »Nein, ich bin nur Metzgerstochter«, antwortete ich zufrieden.

Das verdammt unangenehme Gefühl, bei seinen eigenen Vorurteilen erwischt zu werden, kenne ich natürlich sehr genau. Ich hab mich ebenfalls schon als Idiotin geoutet, die einer benachteiligten Bevölkerungsgruppe auch noch Schlechtes nachdenkt. Bei einem Campingurlaub in der Knüste, wie man im Ruhrgebiet zu einer gottverlassenen einsamen Gegend sagt, schlug ein einarmiger Mann sein Zelt in etwa 300 Metern Entfernung von unserem auf. In der Nacht, meine Freundin und ich hatten das Licht schon gelöscht, kratzte es plötzlich merkwürdig am Zelt. Ich dachte, meine Freundin wollte ein kleines Horror-Späßchen mit mir treiben und habe total cool getan. Das Kratzen hörte trotzdem nicht auf. »Mein Gott, Bärbel«, sagte ich mit Ohren, die inzwischen auf Satellitenschüsselgröße angewachsen waren, »es reicht jetzt.« »Wieso«, sagte sie ängstlich, »ich dachte, du kratzt.« In diesem Moment hat mein Gehirn alle seine zwei Daten auf einmal gecheckt und ist zu dem Ergebnis gekommen, das kann nur der Einarmige sein. Bärbels Bio-Computer kam zum gleichen Ergebnis und schon rissen wir, adrenalingeschwängert und laut brüllend, unseren Zelt-Reißverschluss auf und flogen, mit Armen und Beinen gleichzeitig fuchtelnd, Kung-Fu-meisterlich durch die stockfinstere Nacht. Das Einzige, was fehlte, war unser auserwählter Übeltäter. Mit der Taschenlampe entdeckten wir später Nagelöcher im Zeltboden an der Stelle, wo unsere Vorräte lagerten. Eine Ratte hatte versucht, da ranzukommen. Der Einarmige kam erst am nächsten Morgen an unserem Zelt vorbei, um freundlich zu fragen, ob mit uns alles okay sei. Er habe in der Nacht Schreie gehört, sei extra aufgestanden, habe aber weit und breit keinen Grund zur Sorge entdecken können. Wir hatten diese Schreie natürlich nicht gehört, waren aber noch tagelang peinlich berührt, wenn wir ihn am Strand entlangmarschieren sahen.

Überhaupt nicht peinlich dagegen ist mir mein Erlebnis mit einem ausländischen Mitbürger neulich an der Tankstelle. Er stieg aus einem alten Daimler, in dem noch vier Landsmänner saßen, und fragte mich etwas vollkommen Unverständliches. Fünfmal sagte ich ihm mit Engelsgeduld, dass ich ihn nicht verstehe, und jedes Mal wiederholte er im Stakkato seine Frage. Dabei wurde er obendrein immer ärgerlicher, ungeduldiger und lauter. Tut mir leid, sagte ich abschließend, fragen Sie den Tankwart, und wollte gehen. Da schrie er mich mit Armbewegungen, die ich auch nicht verstand, wütend an: Puff! Puff!! Aha, warum denn nicht gleich so, dachte ich, und damit er nicht auf die Idee kommt, deutsche Frauen hätten kein Verständnis für ein bisschen Spaß im Alltag – auch so ein blödes Vorurteil –, erklärte ich ihm den Weg haargenau. Ohne sich zu bedanken, brauste er mit quietschenden Reifen in die Richtung davon, die ich ihm gewiesen hatte. Ich war mir aber sicher, er würde es spätestens dann tun, wenn er auf dem landschaftlich schön gelegenen Bio-Bauernhof außerhalb der Stadt angekommen war.

ER Vorurteile

Vorurteile, sagt die Psychologie, kommen unbewusst zustande, man kann gar nicht verhindern, dass unser Gehirn sich einen Durchschnitt aller Erfahrungen bezüglich einer Sache oder Person zusammenbastelt. Mit Erfahrungen sind natürlich vor allem Meinungsäußerungen des sozialen Umfeldes gemeint und selektiv wahrgenommene mediale Berichterstattung, die das vorläufige Urteil, denn das ist ein Vorurteil, zu stützen scheint. Wenn man also auf einen Friseur oder Flugbegleiter trifft, der nicht effeminiert wirkt, wird man sagen: Ja guck, Ausnahmen bestätigen die Regel.

Vorurteile gehören zur psychischen Ökonomie. Das mentale Operieren mit Stereotypen vereinfacht, entlastet in der reizüberfluteten Informationsfülle.

Menschen ändern ihre Vorurteile am wahrscheinlichsten, wenn sie anderenfalls Nachteile zu erwarten haben. Das Vorurteil: Alle Blondinen sind doof – kann ich ein Leben lang problemlos aufrechterhalten, es sei denn, ich möchte plötzlich als intellektuelle Speerspitze meines Viertels gelten.

Vorurteile sind nicht notwendigerweise abwertend. Die blinde Verehrung, die der frisch Verliebte dem Objekt seiner Begierde entgegenbringt, ist ein gutes Beispiel, Percy Sledge hat sie eindrucksvoll besungen in »When a man loves a woman«, da heißt es: »... She can do no wrong, he would turn his back to his best friend, if he puts her down.« Wenn ein Mann eine Frau liebt, kann sie nichts falsch machen, er würde mit seinem besten Freund brechen, wenn er etwas Negatives über sie sagt. Es hört sich nicht so toll an, wenn man versucht, es auf die Originalmelodie zu singen, deshalb heißt die deutsche Version auch: »Wenn es Nacht wird in Harlem«, aber es stimmt. Auch der von keines Zweifels Blässe angekränkelte Blick auf die eigene Nation, Religion oder Fußballmannschaft gehört in diese Abteilung. Vom Fußball ist es nicht weit zur Fanverehrung. Popularität, hat ein kluger Kopf einmal gedacht und dann gesagt, ist die Summe der Missverständnisse, die sich um eine Person ranken, dazu gehört in meinem Fall das Vorurteil, ein Komiker ist a) immer gut drauf, b) immer freundlich, c) immer witzig. Die Wissenschaft nennt diese Neigung, Menschen nach ihren auffälligsten Merkmalen wahrzunehmen, Fokussierung. Ich möchte Ihr Weltbild nicht durcheinanderbringen, mute Ihnen aber dennoch zu hinzunehmen, dass auch ein mit Haut und Haar der komischen Unterhaltung verschriebener Mensch einmal einen Scheißtag hat. Und einen solchen schildere ich jetzt.

Ich nächtige im Hotel, habe das Schild mit »Bitte nicht stören« außen an die Zimmertür gehängt, ein Witzbold hat es offenbar nachts umgedreht, jetzt steht da »Bitte Zimmer saubermachen«. Um acht steht die Dame des Reinigungspersonals an meinem Bett. »Hallo, soll ich Bett machen?« »Ungern, ich liege noch drin, haben Sie das Schild nicht gesehen?« »Hab ich gesehen, deswegen ich komme.«

Unsere Konversation wird vom Zimmerkellner unterbrochen. » Wo darf ich das Frühstück hinstellen?« »Ich hatte kein Frühstück bestellt.« »Entschuldigung, aber um drei Uhr hing der Frühstücksbestellzettel an Ihrer Tür. Frühstück für zwei mit allem.« »Ich bin allein, was soll das?« »Vielleicht musste die junge Dame früh zur Arbeit oder zur Schule, oder der junge Herr?« »Jetzt reicht's aber! Hören Sie, da hat jemand einen Scherz gemacht, nehmen Sie Ihr Frühstück und gehen Sie!«

»Entschuldigung, soll ich Bett machen?« »Nein, machen Sie, dass Sie rauskommen und machen Sie das Nicht-stören-Schild wieder an die Tür! Danke!« Ich beschließe, den Frust im sogenannten Fitnessraum des Hotels abzutrainieren. Das Laufband ist kaputt, der Kraftturm hat wohl nie funktioniert, der Crosstrainer ist besetzt von einer aufgepimpten Freizeitathletin, die mich nach prüfendem Blick wissen lässt: »In echt sind Sie aber dicker, wie machen die dat im Fernsehen?« Ich sage: »Die senden halt viele Wiederholungen von früher«, aber so richtig überzeugen tut mich der Spruch nicht.

Später am Tag betrete ich einen Supermarkt, um einige

Dinge, die man auf Tournee so braucht, zu kaufen. Was höre ich? »Hilde, lurens, dat is doch der Dingens, der Dicke vom RTL, wie heescht de noch, isch komm doch net op der Name, he sag mal, wie heißt du noch?« Dabei verkrallt sich der rüstige Greis in meiner Schulter, ich sage zu Hilde: »Küssen Sie Ihren Mann noch mal, er hat gleich keine Zähne mehr, wenn er mich nicht loslässt!« Er lässt nicht los. Ich befreie mich durch einen Ellbogencheck, der ihn ins Gewürzregal wirft, und fliehe panisch in eine Konditorei. Jetzt ein Milchkaffee und ein Stück Kuchen. Kuchen macht glücklich. Hoffe ich. Eine ältere Dame nähert sich unsicher lächelnd. Ich beschließe, unter allen Umständen freundlich zu bleiben. »Entschuldigung: Sind Sie's?« »Ja.« »Nein, das glaub ich nicht.« »Können Sie aber.« »Waren Sie zusammen mit Karl Dall bei den Insterburgs?« » Nein.« »Sehen Sie, dann sind Sie das auch nicht.«

Später sitze ich dumm auf dem Flughafen herum, der Flieger, der mich zu einer Talkshow bringen soll, hat Verspätung. Ich kaufe zwei Würstchen und werde plötzlich wehmütig. Ich muss an meine erste Hochzeit denken. Von der Kohle, die sie hier für zwei Würstchen aufrufen, habe ich damals die komplette Feier bestritten, mit Hochzeitsreise. Der Flieger fliegt irgendwann doch noch, kommt natürlich zu spät an, panisch stehe ich schon im Gang, während wir auf die endgültige Parkposition zurollen. Eine sehr hochfrequente Stimme ruft: »Bitte setzen Sie sich sofort wieder hin, bis wir unsere endgültige Parkposition erreicht haben.« Alle Blicke ruhen auf mir. Ich muss jetzt wohl etwas Witziges sagen. Ich probiere es mit: »Was ist, wenn ich stehen bleibe, kann dann der Käptn im Rückspiegel nicht sehen, ob ihn einer überholt?«

Keiner lacht. Ich setze mich, meine Körpertemperatur geht gegen Siedepunkt. Vielleicht hätte ich sagen sollen: »Was hält eine Nymphomanin von einem Alkoholiker fern? Eine Cockpittür.« Egal, zu spät. Zu spät komme ich auch zur Talkshow. Ich werde mit einem Mikrofon versehen, gehe in die Maske, um geschminkt zu werden, die Maskenbildnerin sagt: »Da freue ich mich aber, dass ich Sie schminken darf.« » Ach ja?«»Ja, Sie stellen ja mittlerweile eine echte berufliche Herausforderung dar.« Nur gut, dass es in einem Schminkraum keine Gewürzregale gibt. Jemand fragt: »Was wollen Sie trinken?« »Zwei Fingerhoch Scotch mit Leitungswasser ohne Eis, bitte.« »Ham wir nicht.« »Sie haben kein Leitungswasser?« »Nein, keinen Scotch.« »Warum fragen Sie dann?«

Ich weiß, wenn man das so hört, könnte man mich für ein blödes, arrogantes Arschloch halten, aber so ist es nicht. Ich bin ein normaler Mensch, der den ganzen Tag nur Scheiße erlebt hat. Und er war noch nicht zu Ende, der Tag.

Die Talkmasterin fragte: »Wie kamen Sie zu diesem Beruf?«

»Ich bin von klein auf Lachen und Applaus gewöhnt, meine Mutter stillte mich immer in der Öffentlichkeit.« Aus den Augenwinkeln bemerkte ich, wie sich die anderen Gäste in der Runde betreten ansahen.

»Haben Sie viel Kontakt zu anderen Prominenten?«

»Oh, ich habe schon mit Tina Turner zusammen gesungen. Sie war im Radio, ich saß auf dem Klo.« Wenn man alte Gags in Gespräche einbaut, muss man in einer guten, freundlichen Grundstimmung sein, sonst wirkt es so, als versuche ein missgelaunter Unterhalter, dem gerade nichts einfällt, sich mit alten Gags über die Zeit zu retten.

»Welchen Beruf hätten Sie gerne ergriffen, wenn Sie nicht ein erfolgreicher Komiker geworden wären?«

»Was ich mir wirklich sehr spannend vorstelle, ist Pathologe. Also jemand, der Leute operiert, die schon vorher tot sind. Da hat man nicht diesen Druck, glaube ich. Das Schlimmste, was passieren kann, ist, dass er noch Puls hat, oder diese Reaktionen, die es manchmal durch Restelektrizität gibt, oder Luft im Körper, ein Bäuerchen, ein Leibwind, ein Zucken, eine Erektion.«

Der Gag ist eigentlich gut, aber die Kiste war im Dreck, es wurde nichts mehr.

Der anschließende Umtrunk mit Imbiss gab mir Gelegenheit, noch einige Menschen individuell vor den Kopf zu stoßen.

»Ach, Herr von der Lippe, schön, dass Sie da waren, wie war Ihr Flug?« »Sind Sie schon mal geflogen?« »Ja, natürlich.« »Sehen Sie, genauso war meiner.« Irgendwann stehe ich im Hotelfahrstuhl auf dem Weg in den 14. Stock. Eine attraktive Frau lächelt mich an. »Ich bewundere Sie seit vielen Jahren«, sagt sie, »haben Sie Lust, noch mit auf mein Zimmer zu kommen, ich würde gern mit Ihnen schlafen.« Ich sage: »Toll, und was hab ich davon?«

Am nächsten Morgen verschlafe ich, rufe bei der Rezeption an.

»Sie sollten mich doch um 7 Uhr wecken!« »Da saßen Sie noch an der Hotelbar.«

Ein weiteres weit verbreitetes Vorurteil über Komiker ist, dass sie gerne wahre Begebenheiten aus ihrem Privatleben erzählen.

SIE Spielen

Spielen ist schön. Ob an den Genitalien oder an der Börse, bleibt sich gleich. Wobei das an den Genitalien meist erfolgreicher ist. Beim Spielen geht es wie im Leben und in der Liebe um Lustgewinn. Ein Spielchen in Ehren kann niemand verwehren. Ob ein schnelles Schnick-Schnack-Schnuck um ein Frühstück ans Bett oder Roulette mit Smoking und tiefem Dekolleté um die gesamte

Erbschaft. Es ist für jeden was dabei, wenn der Spieltrieb mal wieder von innen an die Stirn klopft. Das neueste Spiel, an dem Millionen Menschen global teilnehmen, heißt Second Life. Das ist aber nicht wirklich prickelnd, weil das Leben dort nur in Pixeln stattfindet. Anfangs ist man im SL hauptsächlich damit beschäftigt, aus sich eine Comicfigur zu machen. Die guckt anschließend, wie andere das hingekriegt haben. Die Spielmöglichkeiten sind also beschränkt. Man kann virtuell vögeln und Essen gehen, aber wer wird davon satt? Und diejenigen, die davon träumen, Kassenwart in ihrem Kegelverein zu werden oder Schützenkönig, werden im Second Life enttäuscht. Nach einem Spaziergang durch diese schrille Kunstwelt findet man sein richtiges Leben wieder voll toll. Es ist doch wirklich spannender, samstags kurz vor Ladenschluss in Latex den Supermarkt heimzusuchen, um den Bestand an Kondomen aufzukaufen, oder am Montagmorgen mal nackt das Rathaus zu besuchen, um zu fragen, ob man immer noch gemeldet ist. Dem Spielen sind keine Grenzen gesetzt, und unsere Zockergene lauern wie Haifische auf ihre nächste Zwischenmahlzeit. Von Lotto und Bingo werden die nicht satt, aber schon beim ›Mensch ärgere Dich nicht‹ mit Rausschmeißpflicht riechen die Blut. Da wird sogar die mit 6er-Würfen gesegnete Schwiegermutter zum Leckerbissen. Glücklicherweise gibt es Spielregeln. Aber auch Verlieren will gelernt sein. Das fällt Männern nicht leicht, schon gar nicht gegen Frauen, denen sie nur Anfängerglück zutrauen. Stehen Frauen allerdings zum dritten Mal hintereinander im Endspiel einer Pokerrunde, nachdem sie vorher schon zweimal den Pot abgeräumt haben, werden Männer schwer nervös. So wie mein alter Freund Pedda, der beim Texas Hold'em plötzlich irritiert glaubte, meinem angeblöfften Fullhouse mit seinen zwei Pärchen unterlegen zu sein und deshalb die Karten schmiss. Dabei hatte er einen Vierling auf der Hand. Dachte er vielleicht an Stefan

Raab, der Regina Halmich k.o. schlagen wollte? Reine Männer-Pokerrunden im Fernsehen mitzuerleben, ist für Frauen noch spannender als Wasser beim Tropfen zuzusehen: Stumme Konzentration paart sich mit absolut überhöhtem Siegeswillen. Dagegen sind reine Frauenrunden Spielfreude pur. Da hört man Scherze und anspruchsvolle Unterhaltung. Für Männer die Überforderung schlechthin, weswegen sie in gemischten Runden stets sämtliches ›Gequatsche‹ während des Spiels strikt untersagen wollen. Männer können sich einfach nicht vorstellen, dass beides auf einmal geht, und finden es bis heute unbegreiflich ungerecht, dass nicht die Klinsmannschaft, sondern die fröhlich aufspielenden Frauen Fußballweltmeisterinnen geworden sind. Bei den Zuguck-Spielen zeigt sich die unterschiedlich ausgeprägte Spielleidenschaft von SIE und ER besonders krass. Frauen sind ohne Weiteres in der Lage, über einen gelungenen Spielzug mit anschließendem Tor Freude zu empfinden, auch wenn er der gegnerischen Mannschaft gelungen ist. Nur zeigen sie es nicht, weil sie damit unter Umständen einen Blitzkrieg mit verheerenden Folgen für Ehe und Zukunftsplanung riskieren. Denn wenn Männer treu sind, dann nur ihrem Verein – und zwar mit Haut und allen verbliebenen Haaren. Ihre bodenlose Tristesse nach einem verlorenen Bundesliga-Abstiegsspiel ihrer Mannschaft ist mit Worten kaum noch zu beschreiben. Da wird dermaßen geheult und gesoffen, dass man meint, sie müssten ab sofort Kleider tragen und dürften nie wieder Auto fahren. Genau solche heftigen Gefühlsausbrüche wünsche ich mir regelmäßig vom Chef der Bundesbahn, und zwar bei jeder einzelnen Zugverspätung. Da macht uns doch einer seit Jahren zu unfreiwilligen Glücksspielern, die hoffen und beten, dass der angekündigte Zug zum richtigen Zeitpunkt kommt und wir den Anschluss nicht verpassen. Stattdessen stehen wir bei diesem öden Spiel auf dem Bahnsteig mit dem Gefühl herrum, statt teurer Fahrkarten

Nieten in der Hand zu halten. Dabei hat man schon in der Grundschule begriffen, dass öffentlicher Verkehr ein besonders sensibles Thema ist und Wartezeiten in entsprechenden geschichtlichen Zusammenhängen auch schon mal zu Revolutionen geführt haben. Gingen Kondom-Hersteller mit ihren Produkten so fahrlässig um wie die Bahn mit uns Kunden, bekämen wir in Zukunft für eine fehlgeschlagene Verhütung allenfalls noch die Busfahrt zur nächstliegenden Entbindungs-Station bezahlt. Natürlich nur unter der Vorraussetzung, dass wir die letzten 264 Kondome in weiser Voraussicht der Beweispflicht, nach Datum und Uhrzeit sortiert, im Tiefkühlschrank dokumentenecht aufbewahrt haben. Wie der ›Herr der Züge‹ es dennoch schafft, nicht an eine Modelleisenbahn zurückversetzt zu werden, wäre eine schöne Quizfrage im Millionenbereich. Ich jedenfalls überlege jetzt schon immer vor jeder Bahnfahrt, wie viele Stunden früher ich am besten losfahre, um pünktlich anzukommen und ob es letztlich nicht besser wäre, mich als UPS-Paket zu versenden.

ER Spielen

Schiller sagt, der Mensch ist nur ganz Mensch, wo er spielt, und ich verstehe den alten Fritz dabei so, dass nur im Spiel der Mensch vergisst, dass er dazu verdonnert ist, von wem auch immer, seine Triebe mittels Intellekt zu kontrollieren. Im Spiel will er sich einfach verlieren, happy sein, Zeit totschlagen, ohne Anspruch, oder gewinnen, unfair sein, rumschreien, dicke blaue Adern an Hals und Schläfen produzieren, Mensch sein eben, denn in Wirklichkeit kontrollieren die Triebe das Gehirn, Wortschöpfungen wie »schwanzgesteuert« zeugen davon.
Über die Wonnen eines Skatabends mit Freunden bei Bier und Brötchen müssen wir hier nicht reden, Doppelkopf ist noch schöner, birgt aber Gefahren, wenn der ei-

gene Lebenspartner mit von der Partie ist, Scheiße baut und, was noch viel schlimmer ist, sich nach vergeigter Partie in der Regel beratungsresistent zeigt. Ein solcher Abend ist schon so gut wie gelaufen, in extremen Fällen die ganze Woche. Ähnliches gilt für Tennis, deswegen spricht man beim gemischten Doppel auch von »Tennis mit Behinderung«. Nun höre ich die Suffragetten wieder unisono aufheulen: Dieser Macho, hält alle Frauen für blöd, usw., usw. Nein! Eben nicht alle! Letztens speisten wir mit Freunden, ein Meeresbiologe, der über die Seegurke promoviert hat mit seiner Frau, also er hat nicht mit seiner Frau über die Seegurke promoviert, sondern sie war dabei, die Frau, nicht die Seegurke, obwohl, egal, wir saßen in einer kleinen Trattoria und bis zum Eintreffen der Vorspeise, Rucola mit hauchdünnen Birnenscheiben, Pfeffer, Salz, Olivenöl und Parmeggiano, spielten wir ›4 Ecken dichten‹, kennen Sie das?

Jeder schreibt in die obere linke Ecke eines Blattes ein Reimpaar, meine Frau nimmt dann immer besonders abwegige Dinge wie: Saustier – Haustür, worüber wir dann regelmäßig Krach kriegen, aber egal, dann knickt man die Ecke ein, gibt das Blatt weiter und kriegt gleichzeitig eins vom Nebenmann. Da schreibt man in die rechte Ecke ein neues Reimpaar und so weiter. Am Schluss hat jeder vier verschiedene Reimpaare als Vorlage für ein zu erstellendes Gedicht. Meine Frau gewinnt meist, weil sie keinerlei Hemmungen beim Dichten kennt, ihre Reimpaare lauteten also: Laster/Raster, Rücken/Zwicken, Hose/Rose, Zecken/ Decken.

Und da dichtete sie Folgendes: Infolge Rasens mit dem Laster, geriet er in das Fahndungsraster. Dazu kam, dass ihn auf dem Rücken, Furunkel und Abszesse zwicken, mit seiner Ollen namens Rose, ist schon ganz lange tote Hose, ihn stimulieren nur noch Zecken, die stecken in den Sofadecken. Damit war sie natürlich die Dichterfürstin des Abends.

Der Reiz an dieser Form von Gehirnworkout ist, dass man nicht nur gegeneinander spielt, sondern auch gemeinsam einen geistigen Mehrwert schafft. Wann immer wir Zeit und Muße haben, tun wir das. Eine leichte, schnelle Form ist dabei das Sätzebilden aus Wörtern. Einer nennt ein Wort, z. B. Ostern. Jetzt kann man sagen, der Erste, der einen Satz bilden kann, dessen Wörter mit den Anfangsbuchstaben O,S,T,E,R,N beginnen, gewinnt. Beispiel: Onkel Sam trauert einer Ratte nach. Man kann auch spielen: Wer zuerst fünf Sätze hat, gewinnt. Auch hier besteht natürlich Konfliktpotenzial, was die semantische oder formale Korrektheit angeht. Ob seine Tante einen Russen nötigt? Hier kann es gleich das erste Geschrei geben. Also vorher festlegen, ob nur Aussage- oder auch Fragesätze gelten.

Bei mehreren Mitspielern kann man durch Punktevergabe seitens der Spieler auch den jeweils besten Satz einer Runde prämieren: »Ohne seine Tüte erbricht Rudolf nicht«, dürfte da schon recht weit vorne liegen, wohingegen »Offenbar suchen tuntige Eichhörnchen rosa Nüsse« nur ein kollektives Aufstöhnen und null Punkte zu erwarten hätte.

Ebenfalls ein Frohsinnsgarant ist der Satz, zu dem jeder nacheinander ein Wort beisteuert, wobei jeder Plan, den man hatte, als man sein Wort sprach, beim nächsten Beitrag schon Makulatur ist. Lesen Sie jetzt und staunen Sie: Zwei Originalbeispiele aus jüngster Vergangenheit, Koautorin ist wieder meine Frau, also sie ein Wort, ich das nächste Wort, dann wieder sie usw.:

Am Arsch, den ich schon länger nicht geküsst habe, bilden sich langsam, aber sichtbar deutliche Furunkeln. Oder: Neben meiner behinderten, aber nymphomanen Schwägerin wirkst du, wie wenn Gott nach schwerer Krankheit seinen Schöpfungsplan aufgegeben hätte.

Gemeinsames Herstellen von Gedichten ist und bleibt natürlich die Königsdisziplin. Beginnen Sie mit einer

Aufwärmübung, indem einer eine Zeile vorgibt, der andere muss eine zweite Zeile dazudichten, die sich nicht nur auf die erste reimen, sondern auch ein bisschen witzig sein soll. Dazu fand ich in meinem Notizbuch Folgendes, denn selbstverständlich halte ich jedes dieser Freizeitprodukte fest, um sie, wie jetzt, später in einem Buch verbraten zu können: Vater lässt 'nen Einlauf machen, Mutter lässt's beim Einkauf krachen. Formal tadellos, die Aussage lässt keine Rezeptionsprobleme auch bei Nichtakademikern befürchten und Germanisten wird die Ambiguität oder Polysemie, falls Sie's lieber griechisch mögen, vulgo der Doppelsinn von »es krachen lassen« den Tag vergolden.

Mit denselben Stilmitteln arbeiten auch die beiden nächsten, im Weihnachtsurlaub mit Freunden zu viert gefertigten Werke. Sie ist Lehrerin in einer so gut wie ausschließlich von Kindern aus Familien mit Migrationshintergrund besuchten Schule, er ist wie unsere Kanzlerin Physiker. Ob dieser berufliche Leidensdruck die sexuelle Färbung der Gedichte verursachte, vermag ich nicht zu beurteilen, an mir lag es jedenfalls nicht. Lesen Sie selbst: Wirst du von hinten mal genommen, hast du meistens schon gewonnen. Weder spürst du sein Gewicht, noch bedrückt dich sein Gesicht.

Und die zweite Gemme: Sieh mal diesen Kerzenständer, ist das nicht ein Augenschänder? Schänden ist ja gut und schön, es darf nur nicht ins Auge gehen!

Das Prinzip ist dabei folgendes: Einer gibt eine Zeile vor, der nächste reimt eine darauf, der dritte gibt eine neue Zeile vor, der vierte vollendet. Das Reimschema: aabb. Halten Sie sich fest:

Die abschließende Serie entstand im Sommerurlaub, während wir, meine Frau und ich, im Pool Aquajogging betrieben. Der geneigte Leser mag sich das ruhig vorstellen, und, jawohl, wir trugen auch einen Sonnenhut und strampelten mit diesem lächerlichen Gurt um den Bauch in der pisswarmen Brühe, aber das Ergebnis rechtfertigt jede optische Entgleisung. Zum Regelwerk: Der Erste gibt eine Zeile vor, der Zweite ergänzt eine, die sich darauf reimt und gibt eine dritte mit neuer Endung vor, der Erste vollendet das Werk. Hier ein kleines Best of:

Ein Schmetterling fliegt rum, ganz klein ist er und dumm, wenn er nur größer wär, und nicht so blöd, wär er ein Bär.

Schneewittchen liegt im Koma, die Zwerge fragen Oma: Wie können wir sie wecken? Die Oma rät zum Lebertran.

Kati Witt saust übers Eis, die Nippel rot, die Nase weiß, Ja, wenn der Frost zum Pinsel greift, selbst Kati Witt zum Kunstwerk reift.

Wenn Katzen zwei, drei Schritte tun, müssen sie erst einmal ruhen, und einen Tag verschnaufen, bevor sie weiterlaufen.

Neulich schaute Gott mal wieder, von seiner Wolke auf uns nieder. Zeugen hörten ihn laut denken: ich müsst sie wieder mal ertränken.

Von den Männern, die ich kenne, hör ich immer, wenn ich flenne, dieselben liebevollen Sprüche, Wein doch nicht, geh in die Küche.

Weihnachten war wunderschön, man mocht fast nicht nach Hause gehen, sauber, preiswert, gut und schnell, das gibt es sonst nur im Bordell.

Zwiebeln schmecken stark nach Zwiebel, schrieb schon Paulus in der Bibel. Wie wir wohl den Geschmack empfänden, wenn sie nicht in der Bibel ständen?

Alte Weiber sind sehr faltig, sprach verbittert Rudi Altig. Dann legte er die Stirn in Falten, was soll man denn nun davon halten?

Vor der Wahl denkt man ganz wichtig, diesmal wählst du aber richtig! Nach der Wahl denkt man: Oh Gott, jedes Mal derselbe Schrott.

Eine Gurke feist und fett erschien nicht grün, eher violett. Erst beim Verzehr wurde mir klar, dass es 'ne Aubergine war.

Bei Aufschlag, Volley oder Spin fällt man gerne auch mal hin. Dem Tennissport fehlt Eleganz, wie anders doch der Ausdruckstanz.

Mein kleiner Ring am Fingerglied singt leis mir unserer Liebe Lied. Oft sitz ich ganz für mich allein und denk: er könnt' was größer sein.

Auf dem Tisch nur leckere Sachen, Jesus lässt's mal wieder krachen. Unter'm Tische – auch nicht schlecht – macht's Magdalena jedem recht.

Piraten brettern übers Meer, vom Ufer tönt ein Stimmchen her. Noch ist sie Jungfrau rein und zart, bald nicht mehr, 's ist Piratenart.

Im Kölner Dom bot sich ein Mann aus Polen für zum Putzen an. Man nahm ihn nicht, ja so was gab's, da ging er fort und wurde Papst.

Gehet hin und tuet desgleichen!

Selber lesen ist komisch – lesen lassen noch viel witziger

Jürgen von der Lippe
Monika Cleves
Noch viel mehr von Sie und Er
Neue Botschaften
aus parallelen Universen
Sprecher: Jürgen von der Lippe
Monika Cleves
1 CD · 75 Min.
Jewelcase
€ 14,95 (D) · sFr 27,90
ISBN 978-3-8218-5487-8

Kaiserstraße 66
60329 Frankfurt/Main
Tel. 069/25 50 03-0
Fax 069/25 60 03-30
www.eichborn.de